Heinz-Lothar Worm

Johanna

Von Heinz-Lothar Worm sind im Brunnen Verlag
außerdem erschienen:

Schulzes Anna
Die Geschichte der Anna W.

Klara und Katharina
Schulzes Anna und ihre Töchter

Die Tietze Milli

Heinz-Lothar Worm

Johanna

BRUNNEN

VERLAG GIESSEN · BASEL

ABCteam-Bücher erscheinen in folgenden Verlagen:
Aussaat Verlag Neukirchen-Vluyn
R. Brockhaus Verlag Wuppertal und Zürich
Brunnen Verlag Gießen und Basel
Christliches Verlagshaus Stuttgart
Oncken Verlag Wuppertal und Kassel

© 2000 Brunnen Verlag Gießen
Umschlagfoto: Privat
Umschlaggestaltung: Ralf Simon
Satz: Brunnen DTP
Herstellung: Wiener Verlag
ISBN 3-7655-1668-6

Abschied von Diestelow

Mimmi wäre so gern geblieben. Es tut ihr im Herzen weh, den schönen Hof in Mecklenburg zu verlassen, aber sie weiß auch, dass es für die Familie am besten ist. Die Kinder schlafen schon bei Nachbarn, den Hahnensteins, einer ebenfalls aus Hessen stammenden Siedlerfamilie. Sie will gleich auch hinübergehen, um sich noch ein paar Stunden auszuruhen. Dabei ahnt sie jetzt schon, dass es mit dem Schlafen wohl nicht klappen wird in dieser letzten Nacht in Mecklenburg.

Gut zwei Jahre ist sie Bäuerin auf dem neuen Hof gewesen. Sie, das Mädchen aus der großen Stadt im Ruhrgebiet. Nach dem Tod ihrer Freundin Klara hatte sie Christian, den verwitweten Mann ihrer Freundin, geheiratet. Ohne Bäuerin kann ein Hof nicht lange existieren. Deshalb hatten beide das Trauerjahr auch nicht ganz abgewartet, sondern bereits ein dreiviertel Jahr nach Klaras Tod die Trauung vollzogen. Niemand brauchte sich deswegen Vorwürfe zu machen, denn Klara selbst hatte vor ihrem Tod gewünscht, dass Mimmi die neue Mutter ihrer beiden Kinder werden sollte. Der kleine Heinrich war damals fünf, und Johanna neun Jahre alt gewesen.

Mimmi hatte sich wohl gefühlt hier in der Nähe der Ostsee. Mit robuster Gesundheit ausgestattet, konnte sie sich an der Arbeit freuen – zumal sie merkte, dass es vorwärts ging. Ihr Mann hatte den Hof für einen guten Preis erwerben können, nachdem der heruntergekommene Gutshof von Diestelow in einzelne Parzellen aufgeteilt worden war, die jeweils mit einem schmucken Bauernhaus, Stallungen und einer Scheune bebaut wurden. Am Anfang hatte Christian sich tüchtig schinden müssen auf seinem Land, denn es war mit hartnäckigen

Quecken durchsetzt, aber inzwischen gab es gute Ernten. Roggen gedieh auf dem sandigen Boden am besten.

Mimmi war stolz darauf, dass ihre Familie zum »Reichsnährstand« gehörte, wie man die Bauern in letzter Zeit nannte. Sie, das ehemalige Stadtkind, war eine selbstbewusste Bäuerin geworden. Mit Christian war sie auf dem Bückeberg gewesen, wohin der Führer Adolf Hitler die Bauern gerufen hatte. Hitler hatte in einer zündenden Rede die Landwirte und ihre Frauen auf ihre Verantwortung für die Ernährung der Reichsbevölkerung hingewiesen – und ihnen deswegen seine übergroße Wertschätzung ausgesprochen. Ja, sie war stolz darauf, eine deutsche Bäuerin zu sein.

Das war jetzt leider vorbei. Und doch ... Es war schön gewesen, solch einen großen Geflügelhof zu haben. Dabei hatte sie sich zuerst vor dem großen Ganter gefürchtet, der mit gesenktem Kopf zischend auf sie zukam, so dass sie Reißaus nehmen musste.

Christian hatte ihr geraten: »Wenn er nahe genug herangekommen ist, dann pack ihn blitzschnell mit beiden Händen um den Hinterkopf, schleudere ihn drei- oder viermal um dich herum und lass ihn dann los. Das hilft!«

Mimmi hatte es nicht glauben wollen, aber dann war ihr nichts anderes übrig geblieben, als den Rat ihres Mannes zu befolgen. Der zornige Ganter schien es sich nämlich zur Gewohnheit machen zu wollen, ihr den Weg zu verstellen. Wenn sie ihn einige Male herumgeschleudert hatte, war er jedesmal kreischend davongelaufen – und seitdem machte er immer einen respektvollen Bogen um sie herum.

Es war schön gewesen, die Schweine zu füttern, die sie immer, wenn sie mit den Futtereimern in den Stall kam, freudig quiekend und grunzend begrüßten. Einmal hatte sie ein Kälbchen, das an seiner Mutter nicht trinken konnte, mit der Flasche aufgezogen. Es hatte ihr nichts ausgemacht, vor Tau und Tag aufzustehen, denn das durstige Tierchen musste regelmäßig alle vier Stunden gefüttert werden.

Mimmi muss unwillkürlich seufzen. Das alles wird nun zu Ende sein. Christian selbst, der sich immer gewünscht hatte, ein freier Bauer auf eigener Scholle zu sein, hat nun eingesehen, dass es nicht gut wäre, auf dem Hof zu bleiben. Und sie musste ihm beipflichten – obwohl sie gern geblieben wäre. Es ging ja nicht um sie, sondern vor allem um den zarten Heinrich. Kürzlich war das Erbhofgesetz erlassen worden. Jeweils der älteste Sohn, so bestimmte dieses Gesetz, war verpflichtet, den väterlichen Hof zu übernehmen. Da Heinrich aber aufgrund seiner schwachen Konstitution wohl niemals schwere körperliche Arbeit würde verrichten können, war es unverantwortlich, den Bauernhof zu behalten. Hinzu kam, dass Heinrich sich bei seiner Mutter Klara, die an Tuberkulose erkrankt gewesen war, infiziert hatte. Körperliche Anstrengungen konnten diese tückische Krankheit zum Ausbruch kommen lassen.

Dann waren in der Siedlung einige unschöne Vorkommnisse gewesen. So hatte man Christian angetragen, Bürgermeister des Dörfchens zu werden. Da war Mimmi energisch eingeschritten. »Der Hof braucht auf Jahre hinaus noch deine volle Arbeitskraft, Christian«, hatte sie gesagt. »Wenn du Bürgermeister bist, dann kommt der Hof zu kurz!«

Christian hatte das eingesehen. Aber die Dorfbewohner waren seitdem unfreundlich zu ihm. Sie deuteten die Absage als Hochmut, Christian sei sich wohl zu schade dafür, Bürgermeister von einfachen Bauern und Landarbeitern zu sein.

Schließlich war die Sache mit der Kiesgrube passiert. Die Grube gehörte zu Christians Besitz, sie lag an einem Rain unterhalb eines seiner Felder. Er hatte damals den Neusiedlern gestattet, sich für private Zwecke Kies zu holen, falls jemand ein Stück hinter dem Haus betonieren wollte. Nun sollte von der Gemeinde eine kilometerlange Betonstraße zum Nachbardorf gebaut werden. Den Kies wollte man kostenlos aus Christians Grube entnehmen.

Christian rechnete nach: Mehr als die Hälfte des Feldes würde dabei zerstört werden. Er verlangte eine angemessene Entschädigung, aber damit waren die Gemeinderäte nicht einverstanden. Einige Tausend Reichsmark hätte man ihm geben müssen, und so wurde entschieden, den Kies auswärts beim Besitzer einer anderen Grube einzukaufen – auch wenn dieser Kies teurer war. Sie wollten um jeden Preis verhindern, dass einer der Ihren zu reich wurde.

Da hatte Christian enttäuscht aufgegeben. Mimmis Bruder hatte kurz zuvor in Duisburg ein Fuhrgeschäft begonnen. Er suchte einen Teilhaber und fragte bei Christian an, ob er nicht Lust hätte, mit in das Geschäft einzusteigen, da er doch von Diestelow fortgehen wolle …

Ja, und so ist es gekommen – schneller als erwartet. Ein Käufer für den Hof zusammen mit allen Tieren und den Geräten hatte sich bald eingestellt. In Duisburg werden sie nun bei Mimmis Geschwistern unterkommen – bis sie selbst eine geeignete Wohnung gefunden haben. Auch die Möbel können sie so lange dort unterstellen.

Christian hat die großen Stücke schon vor einigen Tagen zum Bahnhof nach Grambow gebracht, wo sie in einen Waggon geladen wurden. Heute nun sind die neuen Bewohner des Hofes eingezogen und haben die Tiere quasi übernommen. Mimmi ist nachmittags noch einmal mit Johanna und Heinrich zum Friedhof bei dem trutzigen Kirchlein gelaufen, um die Gräber von Klara und deren Schwester Katharina zu besuchen, und die Kinder haben ein letztes Mal Blumen auf die Gräber gestellt.

Ach ja, die Kinder. Wie werden sie wohl zurechtkommen in

der neuen Umgebung? Von ganzem Herzen hatte sie sich der Aufgabe gewidmet, den beiden eine rechte Mutter zu sein. Und Johanna und Heinrich hatten es genossen, nun endlich eine richtige Mutter zu haben. Denn so lange sie sich entsinnen konnten, war ihre Mutter Klara krank gewesen. Nach ihrem Tod waren fast zehn Monate lang Verwandte, auch Großmutter Johannette, da gewesen und hatten sich alle Mühe gegeben, dem Hof vorzustehen und die Kinder zu versorgen. Der dauernde Wechsel hatte den Kindern nicht gefallen. Nun waren sie von Herzen froh, eine Mutter zu haben, die bei ihnen blieb.

Mimmi wandert in der Dunkelheit noch einmal die Dorfstraße zwischen den schmucken Bauernhäusern der vor wenigen Jahren entstandenen Siedlung entlang. In Gedanken nimmt sie Abschied von den Menschen hier.

Ihr Blick fällt auf das Haus, das einige Jahre lang ihre Heimat war. Ob sie es jemals wieder betreten wird? Neben dem Haus die Sandgrube. Hier haben die Kinder immer wieder gerne gespielt. Einmal hatten Johanna und Heinrich eine ganze Stadt aus Sand darin errichtet und mit Feldblumen geschmückt. Wunderschön hatte das ausgesehen, sogar die Nachbarn waren gekommen und hatten über die Stadt aus Sand mit der schönen Blumenzier gestaunt.

»Die Kinder hatten hier ein Paradies«, denkt sie. »Und nicht nur sie ... das gilt auch für mich.«

Johanna und Heinrich waren überaus anhänglich. Endlich eine Mutter zu haben, die ganz für sie da war, die Zeit hatte, ihnen zuzuhören, wenn sie aus der Schule kamen, die sich zu ihnen setzte, wenn sie aßen, die jeden Mittag richtig und schmackhaft kochte, die sich abends zu ihnen setzte und ihnen Geschichten aus dem Märchenbuch oder aus der Kinderbibel vorlas. Vor allem der kleine Heinrich hatte seine leibliche Mutter niemals als gesunde, tatkräftige Frau erlebt. Er hatte es nicht anders gekannt, als dass seine Mutter krank war und nicht gestört werden durfte. Wie gern balgte er sich mit ihr, seiner neuen Mutter, wie gern saß er auf ihrem Schoß. Die Geborgenheit und Sicherheit, die sie ihm und Johanna schenken konnte, hatten die Kinder bisher nicht gekannt. Mimmi selbst hatte nicht damit gerechnet, dass sie die Kinder so schnell als »ihre« Kinder ansehen könnte.

Ach ja, das beschauliche Leben auf dem Land ist nun vorbei. Morgen werden sie mit dem Zug ihrer früheren Heimat entgegenreisen. Ob die Kinder sich rasch eingewöhnen werden? Schließlich haben sie noch niemals eine große Stadt gesehen.

Keine Frage, sie wird ihnen dabei helfen! Sie wird alles in ihrer Macht Stehende tun, dass Johanna und Heinrich zu tüchtigen Menschen heranwachsen, auf die sie stolz sein kann. Die Kinder betrachtet sie als die Aufgabe, die Gott ihr gegeben hat. Und dieser Aufgabe will sie gerecht werden.

Heiligabend

Heiligabend 1935. Es ist das erste Weihnachtsfest der Familie in der großen Stadt. Den ganzen Nachmittag hat Mutter Mimmi sich im verschlossenen Wohnzimmer aufgehalten. Johanna und Heinrich sollten in dieser Zeit einige Weihnachtslieder flöten.

»Nehmt eure Wimmerhölzer und geht in die Küche«, hatte der Vater lachend vorgeschlagen. »Aber vergesst bitte nicht, die Tür zu schließen!«

»Wimmerhölzer …«, murmelt Johanna beleidigt. »Wir spielen so schön zweistimmig.«

»Aber manchmal gibt es auch einen Giekser!«, meint Heinrich.

»Die Flötenlehrerin hat gesagt, das macht nichts! ›Und bläst der Bläser noch so fein, ein Giekser darf dazwischen sein‹, hat sie gesagt.«

»Lass uns noch mal üben: Welchen Jubel, welche Freude ...«

»Ja, und: Mit den Hirten will ich gehen ...«

Heinrich flötet die erste Stimme, Johanna die zweite.

»Das hat doch gut geklappt«, meint Heinrich, als sie eine Strophe gut hinter sich gebracht haben.

»Du«, sagt Johanna, »ich habe heute früh wirklich geglaubt, es wäre ein Tier.«

»Ich auch. Wie heißt dieses Ding noch mal? Ich weiß es nicht mehr.«

»Kokosnuss! Das war eine Kokosnuss!«

»Eine komische Nuss, die Haare hat!«

»Und bewegt hat sie sich und gebrummt hat sie auch.«

»Ach was! Das ist Mutter gewesen. Sie hat die Nuss ein bisschen angestoßen, dass sie gewippt ist. Und ein bisschen gebrummt hat sie auch.«

Da kommt die Mutter in die Küche. »Wenn ihr mit dem Üben fertig seid, könnt ihr schon den Tisch decken, Kinder«, meint sie. »Vor der Bescherung wollen wir erst essen.«

Es gibt – nach alter Familientradition – Heringssalat und Pellkartoffeln.

Endlich öffnet Vater das Weihnachtszimmer. Der Christbaum ist durch viele Wachskerzen hell erleuchtet. Vögelchen aus silbernem Glas, eine bunte Kette aus Glaskugeln, vergoldete Nüsse und viel silbernes Lametta lassen die Fichte märchenhaft schön erscheinen. Der erste Blick der Kinder geht zum Gabentisch hinüber, aber der ist mit einem großen Tuch zugedeckt.

Mimmi öffnet ihr Harmonium, eine Art kleine Hausorgel, und beginnt ein Weihnachtslied zu spielen. Christian und die Kinder singen dazu. Dann flöten Johanna und Heinrich ein

Weihnachtslied. Heinrich sagt ein Weihnachtsgedicht auf – sein Geschenk für die Eltern. Mimmi spielt wieder ein Lied, dann ist Johanna mit ihrem Gedicht an der Reihe. In bunter Folge wechseln die Beiträge.

Zuletzt liest Vater die Weihnachtsgeschichte aus dem Lukasevangelium vor. Anschließend spricht er ein Gebet, in dem er Gott dafür dankt, dass sein Sohn damals in Bethlehem als Mensch zur Welt gekommen ist.

Endlich hat das Warten ein Ende. Vorsichtig zieht Christian das Tuch vom Gabentisch. Bunte Päckchen werden sichtbar. Heinrich als der Jüngste ist zuerst an der Reihe. Er findet für sich zwei Bücher, ein warmes Flanellhemd und – als Geschenk von Großvater Johannes – ein Paar wollene Socken.

Für Johanna sind ebenfalls zwei Bücher eingepackt. In einem größeren Päckchen, das sich wunderbar weich anfühlt, findet sie einen Schlafanzug. Nicht etwa ein Nachthemd, sondern einen richtigen Schlafanzug mit rosa Rüschchen. So ein schönes Stück hat Johanna noch nie besessen.

»Darf ich den heute gleich anziehen, Mutter?«, fragt sie, nachdem sie die Eltern stürmisch umarmt hat.

»Na klar! Aber vielleicht erst, wenn du ins Bett gehst«, lacht Mutter.

»Lass sie doch, Mutter«, sagt Christian. »Wenn sie den Rest des Weihnachtsabends im Schlafanzug verbringen möchte, dann kann sie ihn auch jetzt schon anziehen.«

Das ist Johanna dann doch nicht recht. Sie zieht sich zurück, um eines der neuen Bücher näher anzusehen. Es heißt ›Ein Stadtmädel wird Bäuerin‹.

»Bei mir ist es genau anders herum: Ein Bauernmädchen wird Städterin!«, sagt Johanna. Trotzdem wird sie das Buch aufmerksam lesen.

Heinrich hat ein Buch erhalten, das den Titel trägt: ›Kinder, was wisst ihr vom Führer?‹ Das findet er sehr spannend.

»Wenn du das Buch gelesen hast, Heinrich, leihst du es mir dann auch mal?«, fragt Johanna.

»Da brauchst du nicht lange zu warten«, antwortet der kleine Bruder. »Ich bin bestimmt morgen schon damit fertig.«

In der Schule

»Schaumburg, an die Wand!« Klassenlehrer Pöhlert presst den Befehl zwischen den Zähnen hervor.

Johanna schluckt. Es ist nicht das erste Mal, dass sie ihre Schiefertafel nehmen und sich neben die Klassenkameraden stellen muss, die bereits an der Wand aufgereiht stehen.

Es geht um die Bruchrechnung. In Diestelow in der Dorfschule sollte gerade damit begonnen werden, als sie wegzog. Hier in Duisburg wird das Thema gerade noch einmal wiederholt, nachdem zuvor alles ausführlich behandelt worden ist. Johanna gibt sich alle Mühe, die verschiedenen Rechenregeln zu erlernen und anzuwenden, aber das gelingt ihr nicht immer.

Herr Pöhlert ist streng und ungerecht. Sie war erst wenige Tage in der neuen Schule, als er einen Mitschüler, der irgendetwas nicht begreifen konnte, zu einem Gebet gezwungen hat. Wolfram musste nach vorne zum Pult kommen, dort niederknien und nachsprechen, was Herr Pöhlert ihm vorsagte:

»Herrgott, ich bin ein Dusseltier, mach' ein' gescheiten Mensch aus mir! Und sollt' es gar nicht besser werden, so nimm mich fort von dieser Erden! Amen.«

Die Klassenkameraden tobten vor Vergnügen, aber ihr sträubten sich die Haare. Wie konnte Herr Pöhlert nur ein so gotteslästerliches Gebet sprechen?!

An der Wand müssen sich alle aufstellen, die irgendetwas

nicht begriffen haben. Diese pädagogische Maßnahme soll dazu führen, dass die Kinder sich schämen und in Zukunft etwas mehr anstrengen.

Herr Pöhlert schaut bei Johanna immer sehr genau hin. Vor allem, seit er weiß, dass sie nicht im BDM ist. Der Bund Deutscher Mädel, kurz BDM genannt, ist der Verband der Hitlerjugend für die Mädchen.

Johanna hätte sich dem BDM gern angeschlossen, denn dort werden viele schöne Dinge unternommen: Wanderungen, Fahrten, Liedersingen, Würstchenbraten am Lagerfeuer und vieles mehr. Außerdem marschieren die BDM-Mädel in ihrer Tracht oft durch Duisburgs Straßen. Das sieht einfach gut aus, findet Johanna. Sie würde so gerne dabei sein, aber ihr Vater hat es untersagt.

»Du gehst da nicht hin!«, hat er ein für alle Mal angeordnet. Und das, obwohl er doch selbst seit 1932 schon Mitglied der NSDAP ist und sich deshalb stolz »Alter Kämpfer« nennen darf.

Herr Pöhlert hat Johanna gefragt, ob sie denn zum BDM gehe, und sie hat wahrheitsgemäß geantwortet: »Nein, mein Vater erlaubt es nicht!«

Da hat der Lehrer vor Zorn einen roten Kopf bekommen, gesagt hat er jedoch nichts. Johanna merkt allerdings, dass er sie seitdem schikaniert und sich alle Mühe gibt, sie vor den Klassenkameraden bloßzustellen. Wie oft hat sie seitdem aus nichtigem Anlass an der Wand stehen müssen! Sie lässt ihre Gedanken schweifen.

»Warum bist du eigentlich in die Partei eingetreten?«, hat sie ihren Vater einmal gefragt.

»Adolf Hitler ist ein bedeutender Mensch. Und ich kenne keinen anderen Politiker, der unser Vaterland aus dem Elend herausführen kann, in das es durch den Versailler Vertrag gestoßen wurde. Außerdem habe ich den Eindruck, dass er ein frommer Mann ist, denn oft schließt er seine Rede mit dem Satz: ›So wahr mir Gott helfe!‹«

»Bevor Hitler am 30. Januar 1933 die Macht ergriffen hat, gab es acht Millionen Arbeitslose bei uns im Land. Das ist nun vorbei«, hat ihre Mutter hinzugefügt. »Jetzt werden die Reichsautobahnen gebaut. Da kann man viele Hände gebrauchen. Und Vater hat Arbeit, weil er mit seinem Lastwagen Baumaterial transportieren muss.«

»Da können wir aber froh sein, dass es den Hitler gibt«, meint Heinrich daraufhin.

»Ja, das können wir in der Tat!«

Johanna wird aus ihren Gedanken aufgeschreckt, als Herr Pöhlert sie anfährt. Sie solle gefälligst besser aufpassen.

Zu Ostern gibt es Zeugnisse. Johanna ist entsetzt: Fast in jedem Fach ist ihr Zeugnis um zwei Noten schlechter ausgefallen als bisher in Diestelow.

»Darüber ist das letzte Wort noch nicht gesprochen«, sagt Mutter. Und schon am nächsten Tag hat sie einen Termin beim Schulleiter.

»Zwei Noten schlechter als in Diestelow, das kann doch nicht sein. Meine Tochter ist nicht dumm! Aber es kommt daher, dass Herr Pöhlert sie nicht leiden mag. Herr Pöhlert ist Parteigenosse und hat erfahren, dass Johanna nicht zum BDM geht. Dabei gehört mein Mann zu den ›Alten Kämpfern‹«.

Der Rektor wird plötzlich freundlich und lächelt sie an. »Ihr Mann ist ›Alter Kämpfer‹? Ich bin natürlich auch Parteimitglied, aber ich bin erst nach der Machtübernahme in die NSDAP eingetreten.«

»Mein Mann gehört der Partei seit 1932 an.«

»Warum geht dann ihre Tochter nicht zum BDM?«

»Dafür haben wir unsere Gründe«, weicht Mutter aus. »Mir geht es hier um die schlechte Zeugnisbeurteilung von Johanna.

Das kann doch einfach nicht stimmen. Ich meine, ihr Lehrer muss sie zu schlecht eingeschätzt haben.«

»Ja ...!« Der Rektor vergleicht einige Minuten beide Zeugnisse. »Da könnten Sie wohl Recht haben. Ganz offensichtlich ... zwei Noten schlechter ... durchgängig. Das ist doch gar nicht möglich. Und das, wo Ihr Mann ›Alter Kämpfer‹ ist ...«

Im neuen Schuljahr ist Herr Pöhlert nicht mehr da, er wurde an eine andere Schule versetzt. Der Rektor führt die Klasse jetzt selbst, und Johanna kommt gut mit ihm aus.

Im Landschulheim

Johanna hat inzwischen eine Freundin gefunden. Hilde hat rotblonde Zöpfe und viele lustige Sommersprossen im Gesicht. Aber genau die sind ihr großes Problem. Sie leidet sehr darunter und wünscht sich nichts sehnlicher, als glatte, helle Haut zu haben wie Johanna.

»Ich bin ja so verschossen in deine Sommersprossen, die kleinen und die großen hab ich ins Herz geschlossen ...« So lautet ein Schlager, den man fortwährend im Radio hören kann. Wer Hilde ärgern will, braucht nur die Verse zu singen oder die Melodie zu pfeifen. Dann wird sie schrecklich wütend, bekommt ein feuerrotes Gesicht, und die Sommersprossen färben sich richtig braun.

Eines Tages kommt Rektor Wende mit einer großen Neuigkeit in die Klasse.

»Die Partei hat für die Schüler aus dem Ruhrpott ein Landschulheim eingerichtet. Wir können dort vierzehn Tage lang hinfahren. Das Heim liegt im Bergischen Land. Und es kostet uns fast nichts.«

Der Jubel der Jungen und Mädchen kennt fast keine Grenzen. Es gibt tausend Fragen.

»Wie kommen wir dorthin? Gibt es da richtiges Mittagessen? Kostet es auch wirklich nicht viel? Müssen wir Bettzeug mitbringen? Wenn ich aber doch keinen Reisekoffer habe?«

Einige Wochen später wandern Johanna und ihre Klassenkameradinnen und -kameraden fröhlich auf das nagelneu errichtete Heim am Waldrand zu. Obwohl es angefangen hat zu regnen, tut das der guten Laune keinen Abbruch.

Aufgeregt warten alle vor der Eingangstür, bis der Heimleiter sie begrüßt. Dann geht es an die ›Zimmerverteilung‹. Dabei ist gar nicht viel zu verteilen – denn außer den Zimmern für die Lehrkräfte gibt es nur zwei große Schlafsäle, einen für die Jungen im Erdgeschoss und einen für die Mädchen ganz oben. Jeweils zwei Betten stehen übereinander.

Hilde bekommt ihr Bett oben über Johanna angewiesen. An der Seite ist eine Leiter angeschraubt, über die man in das obere Bett klettern muss. Die Leiter knarrt schrecklich.

»Bitte, lass mich unten schlafen«, bettelt Hilde.

»Hast du Angst, dass du im Schlaf aus dem Bett fallen könntest?«, fragt Johanna und lacht.

»Das gerade nicht, aber bitte, lass mich unten hin.«

»Meinetwegen, du Angsthäschen«, lacht Johanna und bezieht das obere Bett.

Am ersten Abend ist die Aufregung der Jungen und Mädchen begreiflicherweise groß. Nach dem Abendessen gibt es noch eine kleine Wanderung in den Wald. Dann sammeln sich alle auf dem Platz vor dem Heim. Die Fahne mit dem Hakenkreuz wird eingeholt. Der Heimleiter in brauner Uniform stimmt ein Lied an, das Johanna bisher noch nicht gehört hat. Es geht um einen Bauern, der sein Feld früh am Morgen pflügt. Dabei schaut ihm der Abend- und Morgenstern zu. Und wenn er abends müde nach Hause zurückkehrt, dann ist der Stern schon wieder da und blickt hinter dem Hügel noch nach ihm aus.

Johanna findet dieses Lied schön. Sie prägt es sich fest ein. Am schwierigsten ist der Anfang: »Viel' Sterne gloriieren ...«

Es dauert lange, bis alle in ihren Betten liegen. Und bis endlich alle schlafen, vergeht noch einmal viel Zeit.

Am nächsten Morgen – die Sonne ist gerade aufgegangen – ertönt draußen eine Trompetenfanfare. Im nächsten Moment kommt auch schon Fräulein Weber in den Schlafsaal, die Lehrerin, die zur Betreuung der Mädchen mitgekommen ist.

»Antreten zum Frühsport!«

Verschlafen fahren die Mädchen auf. »Frühsport? Müssen wir da alle hin?«

»Aber selbstverständlich«, ruft Fräulein Weber. »Zieht euch nur rasch einen Trainingsanzug über, dann geht's runter auf den Platz!«

Endlich sind alle unten. Es beginnt mit Beugen und Strecken, Armkreisen, Schultern hochziehen, kräftigem Ausatmen, kräftigem Einatmen, dann geht es über zu Kniebeugen, Kopfrollen und ähnlichen Übungen.

Nach der Gymnastik wird die Fahne gehisst, die von allen mit ausgestrecktem Arm gegrüßt werden soll. Ein Lied wird gesungen, und dann heißt es: »Ab in den Waschraum!«

Anschließend lassen sich alle das Frühstück schmecken.

Abwechselnd sollen die Mädchen Tischdienst machen. Tischdienst bedeutet, dass der Tisch gedeckt und hinterher abgeräumt werden muss. Auch das anschließende Spülen und Abtrocknen des Geschirrs gehört dazu – aber hier sollen die Jungen ebenfalls mit eingespannt werden.

Nach dem Tischdienst geht es zurück zum Schlafsaal, um die Betten zu machen. Das ist eine Kunst für sich, die geübt werden muss. Kein Fältchen soll die Bettdecke zeigen. Fräulein Weber schaut unnachsichtig hin, ob nichts zu beanstanden ist.

Der Unterricht beginnt damit, dass ein neues Lied gelernt wird. Der Text heißt: »Blonde und braune Buben passen nicht in die Stuben. Buben, die müssen sich schlagen, müssen was Tollkühnes wagen ...«

Über die zweite Strophe ärgern sich Johanna und Hilde und natürlich die andern Mädchen auch. Die heißt nämlich: »Mädchen, ob blond' oder braune, stecken voll List und voll Laune. Mädchen, die müssen sich ducken, blinzeln ganz heimlich und gucken. Mädchen, die sind nur zum Warten bestimmt, bis so ein Lausbub ein Mädel sich nimmt.«

»Das lassen wir uns nicht gefallen.« Alle Mädchen sind sich einig. So ein Lied können sie doch nicht unwidersprochen hinnehmen! Gemeinsam dichten sie eine weitere Strophe dazu.

Am Rest des Vormittags gibt es Unterricht in den verschiedenen Gruppenräumen. Nach dem Mittagessen soll das neu gelernte Lied von den blonden und braunen Buben noch einmal gesungen werden. Die Mädchen singen brav mit, auch die Strophe von den Mädchen, die sich ducken müssen. Doch als diese Strophe verklungen ist, singen die Mädchen weiter – erst ein bisschen zaghaft, dann aber immer lauter: »Ach, ihr dummen Buben, denkt ihr, wir blieben in den Stuben, oder in Mutters Garten, um auf euch zu warten? Nein, das fällt uns gar nicht ein, wir wollen auch ins Leben hinein.«

Die Klassenkameraden und vor allem der Rektor horchen erstaunt auf. Dann aber lachen sie und stimmen gemeinsam einen Kehrreim an, den sie schon mehrfach gesungen haben: »Aber wenn im Tal die Bratkartoffeln blühn, ist alles wieder gut, ist alles wieder gut. Aber wenn im Tal die Bratkartoffeln blühn, ist alles, alles, alles wieder gut!«

»Hört mal«, sagt der Rektor am Nachmittag, »ich schlage

vor, dass ihr eurer Gruppe im Schlafsaal einen schönen Namen gebt. Macht ein schönes Schild an eure Schlafsaaltüren. Ich bin gespannt, was ihr euch einfallen lasst.«

Nun wird hin und her beraten. Die Jungen erwägen »Fuchsbau« oder »Bärenhöhle«. Einige, die die Bücher von Karl May gelesen haben, plädieren für »Wigwam der Apatschen«. Schließlich entscheiden sie sich für »Adlerhorst«. Eine imposante Zeichnung von einem Adler auf einem großen Horst prangt an der Tür zum Schlafsaal der Jungen.

»Euer Adler sieht aus wie eine Fledermaus mit Schnabel!«, unken die Mädchen.

»Und ihr? Wie nennt ihr euren Schlafsaal?«

Ein Mädchen zeigt eine Zeichnung.

»Puh ... Villa zum goldenen Stern! Was soll das denn sein?«, schmähen die Jungen. »Was haltet ihr denn von: Villa zur goldenen Gans?«

Man trennt sich beleidigt.

Am nächsten Morgen ist der »Adlerhorst« vor dem Schlafsaal der Jungen verschwunden. Statt dessen hängt dort das Bild eines stinkigen Käsestücks. Der Schlafsaal heißt nun »Käsekiste«.

Diese Schmach können die Jungen natürlich nicht auf sich sitzen lassen, und so verändern sie in der folgenden Nacht die »Villa zum goldenen Stern« in einen »Ziegenstall«.

An einem Morgen in aller Frühe, als es gerade erst zu dämmern beginnt, wacht Johanna auf. Sie späht hinunter in Hildes Bett. Hilde ist nicht da.

»Sie ist bestimmt zur Toilette gegangen«, denkt Johanna. Sie wartet einige Zeit, aber Hilde kommt nicht zurück. »Ob es ihr schlecht geworden ist?«, fragt sie sich besorgt. Schnell steigt sie so leise wie möglich die knarrende Leiter hinunter und läuft zur Toilette. Doch Hilde ist nirgendwo zu entdecken.

Jetzt macht Johanna sich ernstlich Sorgen. Ob Hilde Heimweh hat und auf eigene Faust nach Hause zurückkehren will? Johanna huscht die Treppe hinunter in den großen Speisesaal. Von dort aus kann man den Platz vor dem Haus überblicken. Richtig, da ist Hilde. Aber was macht sie bloß? Sie rutscht auf allen Vieren im Gras herum. Immer wieder senkt sie den Kopf – wie ein Schaf, das Gras abweidet.

Johanna bekommt einen ordentlichen Schreck. »Hilde muss den Verstand verloren haben!«, denkt sie. »Sie hält sich für eine Kuh oder eine Ziege oder sonst ein Tier. Ich muss ihr helfen!«

Sie läuft die Treppe hinunter zum Portal, das zum Glück nicht verschlossen ist.

»Hildchen, Hildchen!« Sie stürzt auf ihre Freundin zu. »Komm zurück ins Haus. Du brauchst doch kein Gras zu essen! Bald gibt es Frühstück!«

Hilde springt erschrocken hoch. »Du ... Du ... Jetzt hast du alles kaputtgemacht!« Tränen treten ihr in die Augen. Das Gesicht ist ganz nass vom Tau. Plötzlich schluchzt sie laut auf.

Johanna nimmt sie in die Arme. »Beruhige dich doch, Hildchen! Alles ist ja wieder gut.«

»Nein«, heult Hilde, »nichts ist gut. Du hast es kaputtgemacht.«

Johanna kann sich keinen Reim auf Hildes Worte machen. »Was habe ich kaputtgemacht?«, fragt sie vorsichtig nach.

»Das mit den Sommersprossen«, weint Hilde.

»Sie ist wirklich verrückt geworden«, denkt Johanna. »Aber ... Was hat es denn mit deinen Sommersprossen zu tun, wenn du hier morgens auf der nassen Wiese herumrutschst?«

»Das verstehst du nicht.«

»Nein«, gibt Johanna zu. »Das verstehe ich wirklich nicht.«

»Unsere Nachbarin hat ein altes Buch mit Hausmitteln von früher ...«, schluchzt Hilde. »Und in dem Buch steht, dass man morgens vor Sonnenaufgang das Gesicht in den Tau des Grases tauchen soll. Dann gehen die Sommersprossen weg. Aber das hast du jetzt alles kaputt gemacht.«

»Aber warum denn? Warum habe ich alles kaputtgemacht?«
»Weil einem dabei niemand zuschauen darf. Dann wirkt es nicht, steht in dem Buch.« Hilde fängt noch lauter an zu weinen.

»Jetzt lass es aber mal gut sein. Das ist doch alles Unsinn. Komm mit ins Haus, bevor die anderen uns sehen.« Johanna zieht Hilde hinter sich her. Beide schlüpfen wieder unter die Bettdecken.

Als bald darauf die Trompetenfanfare ertönt, eilen Hilde und Johanna zum Frühsport, als sei nichts gewesen.

Beim Frühstück meint Johanna: »Jetzt weiß ich auch, warum du nicht oben schlafen wolltest. Du hattest Angst, ich könnte wach werden, wenn du morgens die knarrende Leiter hinuntersteigst.«

Hilde nickt. »Du hast ja keine Ahnung wie es ist, wenn man so hässliche Sommersprossen hat wie ich. Ich kriege bestimmt nie einen Mann.«

»Ach Quatsch, Hilde. Das kannst du doch jetzt noch gar nicht wissen. Und außerdem ist ein Mann ja nicht alles im Leben. Das sagt meine Mutter immer …«

»Na, du hast gut reden mit deiner schönen glatten weißen Haut. Aber ich?«

»Vielleicht hast du von uns allen als Erste einen Mann«, lacht Johanna.

Die Tage vergehen wie im Fluge. Morgens wird Unterricht gehalten, nachmittags wartet immer ein abwechslungsreiches Programm auf die Jungen und Mädchen aus dem Ruhrpott. Da ist die Schnitzeljagd, bei der sich eine Gruppe der Schnitzeljäger hoffnungslos im Wald verläuft. Und dann der Hindernislauf! Da muss man im Dauerlauf eine Runde um den Berg drehen, immer den Waldweg entlang. Auf dem Weg sind verschiedene Stationen aufgebaut. Da werden Kniebeugen verlangt, man muss einen Hochsprung versuchen, einen Weitsprung probieren, eine Nadel einfädeln, aber auch schwierige Worte buchstabieren, Kopfrechenaufgaben lösen und noch vieles mehr. An jeder Station wird aufgeschrieben, wie viele Punkte man für seine Leistung bekommt. Am letzten Abend soll dann am Lagerfeuer die Siegerehrung erfolgen.

Der Rektor spricht mit den Kindern darüber, dass auch in der Schule der deutsche Gruß eingeführt werden soll. Von nun an sollen sie »Heil Hitler« sagen und nicht mehr »Guten Tag«.

»Guten Tag«, so erklärt er, »ist eigentlich gar kein deutscher Gruß, sondern einfach die Übersetzung des französischen ›bonjour‹. Es ist der Gruß unserer Erbfeinde, der Franzosen. Den wollen wir ab sofort nicht mehr gebrauchen, nicht einmal in der Übersetzung. Von nun an sagen wir also: Heil Hitler!«

Die Kinder lauschen aufmerksam.

Schon einige Tage vor der Abreise beginnen die Jungen und Mädchen, im Wald dürres Holz zu sammeln, denn am letzten Abend soll ein großes Feuer angezündet werden. Der Holzstoß sieht zuletzt aus wie ein drei Meter hohes Indianerzelt. Alle sind auf das große Feuer gespannt. Zuvor wird noch ein Lied gelernt, das am Lagerfeuer gesungen werden soll: »Flamme empor! Flamme empor! Steige mit loderndem Scheine von den Gebirgen am Rheine glühend empor.«

Vor dem Abschlussabend gibt es eine Überraschung. Eine Gruppe von Mädchen aus einem Erfurter Lyzeum reist an. Die sollten eigentlich einen Tag später kommen, aber offensichtlich hat es da ein Missverständnis gegeben. Die fünfzehn munteren Thüringer Mädel sind jedenfalls da und müssen irgendwie beherbergt werden, auch wenn es eigentlich keine freien Betten mehr gibt.

Die Mädchen aus Duisburg machen den Vorschlag, zu zweit

in einem Bett zu schlafen, eine am Kopfende, die andere am Fußende. Wenn die jungen Thüringerinnen es ebenso machen könnten, dann wäre das Problem gelöst, dann könnten alle im Mädchenschlafsaal untergebracht werden. Keine Frage, das ist die einfachste Lösung.

»Mir macht das überhaupt nichts aus«, meint Lotti, eine Klassenkameradin von Johanna. »Ich schlafe zu Hause immer so mit meiner Schwester in einem Bett. Ich bin mir schon die ganze Zeit so verloren vorgekommen hier in diesem großen Bett.«

Die Erfurterinnen werden eingeladen, beim großen Lagerfeuer dabei zu sein. Da es am Nachmittag einen kleinen Regenschauer gegeben hat und der Holzstoß nass geworden ist, dauert es eine Weile, bis das Feuer richtig brennt. Zuerst treibt der beißende Qualm die Jungen und Mädchen von der Feuerstelle weg, doch dann auf einmal prasselt und knistert es in hellen Flammen. Die Lohe wird immer höher und schlägt meterhoch über die Spitze des Holzstoßes hinaus.

Alle sind wieder zum Feuer zurückgekehrt, aber nun wird es so heiß, dass man wieder abrücken muss. Schließlich stürzt die Pyramide aus Stöcken und Reisig in sich zusammen. Gleichzeitig steigt ein Funkenregen gen Himmel. Jetzt endlich können sie sich wieder näher ums Feuer versammeln.

»Flamme empor!«, stimmt der Rektor an, und die Jungen und Mädchen fallen ein. Die Erfurterinnen kennen das Lied anscheinend auch und singen kräftig mit. Nur Fräulein Weber hält den Mund, und das ist auch gut so, denn sie brummt wie ein Bär und kann keinen Ton halten.

Mit einem Erfurter Mädchen freundet Johanna sich an. Die muntere Ursula gefällt ihr. Die beiden Mädchen tauschen ihre Anschriften aus und geloben sich ewige Freundschaft. Sie wollen sich fleißig Briefe schreiben und vielleicht später einmal besuchen.

Inzwischen ist das Feuer ziemlich heruntergebrannt. »Jetzt

sollten die Mutigsten von euch über die Flammen springen«, fordert der Rektor die Jungen auf. Da stellen sich die Ersten ein Stück vom Feuer entfernt auf, nehmen Anlauf und springen in großen Sätzen über die noch immer züngelnde Glut. Alle klatschen Beifall. Wieder und wieder springen die Jungen über das Feuer.

Auf einmal haben sich auch Mädchen aufgestellt. Johanna ist mit dabei. Auch die Mädchen springen über das Feuer und ernten Beifall. Fräulein Weber findet das unschicklich für angehende junge Damen, aber der Herr Rektor meint, das deutsche Volk brauche gesunde junge Frauen und keine Zimperliesen. Deswegen könne er es nur begrüßen, wenn auch die Mädchen an diesem sportlichen Vergnügen teilnähmen. Dem Herrn Rektor darf Fräulein Weber natürlich nicht widersprechen.

»Solche Feuer wurden in alten Zeiten bei unseren Vorfahren immer zur Sonnenwende entzündet«, erklärt der Rektor anschließend. »Man glaubte, dass die jungen Paare, die Hand in Hand über das Feuer sprangen, später heiraten würden.«

Plötzlich springen einige »Paare«, jeweils ein Junge und ein Mädchen, gemeinsam über die Glut. Der Rektor droht ihnen scherzhaft mit dem Finger.

Johanna möchte auch »paarweise« über das Feuer springen, aber nicht mit einem Jungen. Da ist eigentlich keiner, der ihr so richtig gefällt. Am ehesten noch der lang gewachsene Georg mit den vollen schwarzbraunen Haaren und den grauen Augen. Aber mit ihm deswegen gleich durchs Feuer gehen? Nein. Da springt sie doch lieber mit Hilde und dann mit Ursula, dem netten Mädchen aus Erfurt.

Wieder nach Hause zurückgekehrt, kann Johanna gar nicht genug erzählen von dem, was sie im Schullandheim alles erlebt hat.

»Wir sollen auch in Zukunft immer ›Heil Hitler‹ sagen und nicht mehr ›Guten Tag‹! Das ist nämlich eigentlich nur eine

Übersetzung aus dem Französischen, wusstet ihr das?«, belehrt Johanna die Eltern und den Bruder.

»Aber ...«, mahnt Vater, »ist ›Heil Hitler‹ nicht zu viel des Guten? Kommt das Heil etwa von Hitler? Wir Christen wissen doch, dass das Heil nicht von einem Menschen kommen kann, nicht einmal von einem so hervorragenden Mann, wie unser Führer einer ist. Das Heil bringt uns nur Jesus.«

»Aber man kann sich doch dem deutschen Gruß nicht widersetzen, Christian«, gibt Mutter zu bedenken. »Als ich neulich auf dem Amt war, stand an der Tür: ›Trittst du in diese Stube ein, so mög' dein Gruß ›Heil Hitler‹ sein.‹ «

»Ich weiß das ja alles«, meint Vater, »aber versteht mich doch bitte: Es erscheint mir wie eine Gotteslästerung, wenn ich ›Heil Hitler‹ sage.«

»Aber es könnte doch auch sein, dass Hitler Gottes Werkzeug ist, unser Volk wieder zu Ehren und Ansehen in der Welt zu bringen. Er ist doch ein frommer Mann. Sagt er nicht oft am Ende seiner Reden: ›So wahr mir Gott helfe‹? Ich verstehe den Gruß übrigens anders: ›Heil Hitler‹ bedeutet für mich, dass ich dem Führer Heil wünsche für seine schwere Aufgabe!«

»Ja, so könnte man es auch sehen.«

»Und bringt er nicht viel Gutes? Denk mal, was Johanna nun erlebt hat, das hätte es zu meiner Zeit doch für die Mädchen nicht gegeben. Dabei hätten wir so schöne Erlebnisse auch haben wollen. Den jungen Leuten wird heute so viel geboten.«

Heinrich wirft ein: »Wir haben in der Schule jetzt auch ein Gebet für Hitler gesprochen.«

»Kannst du es aufsagen?«

»Noch nicht so richtig, aber etwas weiß ich noch davon: Unsern frommen Führer schütze, unsres Reiches starke Stütze. Gib uns Arbeit, gib uns Brot, führ uns aus der Knechtschaft Not! Amen.«

Olympische Spiele in Berlin

In diesem Jahr werden die Olympischen Spiele in Berlin ausgetragen. Es sollen die größten und schönsten Spiele werden, die jemals stattgefunden haben. Aller Welt soll vor Augen geführt werden, dass das im Weltkrieg von 1914-1918 gedemütigte und geschwächte Deutschland unter der Führung Adolf Hitlers und seiner Partei nun wieder eine achtenswerte, mächtige Nation geworden ist. Einer der Organisatoren, Carl Diem, hat einen besonderen Plan: Im griechischen Olympia, wo in der Antike die olympischen Spiele ausgetragen wurden, soll mit Hilfe eines Brennglases ein Feuer entzündet werden. Dieses Feuer soll dann von Griechenland aus quer durch den Balkan von Fackelläufern bis nach Berlin getragen werden, wo während der Zeit der Spiele das olympische Feuer brennen wird. Eine großartige Idee! Ob alles so klappen wird wie geplant?

Seit dem Entzünden des olympischen Feuers im Hain von Olympia wurde jeden Tag im Radio darüber berichtet, wie die Fackel durch Griechenland, Bulgarien, Jugoslawien, Ungarn, Österreich und die Tschechoslowakei und von dort über die deutsche Grenze bis nach Berlin gebracht wurde. Über 3000 Kilometer sind von den Läufern zurückgelegt worden.

Auch heute sitzen Johanna, Heinrich und die Mutter am Radio, um die Übertragung der Eröffnungsfeier aus Berlin zu verfolgen. Die Feier erreicht ihren Höhepunkt, als der Läufer mit der Fackel ins Stadion einläuft, die Treppe zu dem Metallbecken emporsteigt und mit Hilfe der Fackel dort ein großes Feuer entzündet. Das olympische Feuer überstrahlt das ganze Stadion.

Im selben Moment ertönt die Olympia-Fanfare, die der deutsche Komponist Paul Winter komponiert hat. Während von einem Turm im Maifeld die olympische Glocke läutet, erklärt der Führer die Olympischen Spiele für eröffnet.

Es ist eine wundervolle Feier, das merken schon die Zuhörer im Radio. Wie müssen sich da erst die Sportler und Zuschauer fühlen, die in Berlin alles selbst mit verfolgen können?

Mutter hat Tränen in den Augen. Die Kinder sind einfach begeistert.

»Einfach großartig, was unser Führer und unser Volk alles zustandebringen«, sagt Johanna stolz.

Die Mutter nickt: »Ja, wer hätte das gedacht? Deutschland war eine geknechtete Nation nach dem verlorenen Krieg, aber dank unserem Führer sind wir wieder ein Volk geworden, vor dem die Welt Achtung hat. Ihr wisst ja nicht, Kinder, was das damals für ein beängstigendes Durcheinander in Deutschland war. Ich bin froh, dass wieder Ruhe und Ordnung im Land herrschen.«

»Und das verdanken wir unserem Führer«, ergänzt Heinrich.

»Hast du gehört, Mutter, was Tante Liesbeth am Sonntag zu Onkel Willi gesagt hat?« Johanna blickt die Mutter fragend an.

»Sie hat viel zu ihrem Mann gesagt. Ich weiß nicht, was dir besonders aufgefallen ist.«

»Ihr habt euch doch darüber unterhalten, dass der Führer keine Frau hat. Und da hat Tante Liesbeth zu Onkel Willi gesagt: ›Ach, lieber Mann, wenn nun der Führer gerade mich zu seiner Frau haben wollte, dann … dann würdest du mich doch für ihn freigeben?‹«

»Na ja«, wehrt die Mutter ab, »das musst du nicht auf die Goldwaage legen. Da hat sie sicher Spaß gemacht. Aber ich denke, es wäre für jede deutsche Frau die höchste Ehre, mit diesem vortrefflichen Mann verheiratet zu sein.«

»Wenn ihr so viel redet, kann ich gar nicht hören, was im Stadion passiert«, beklagt sich Heinrich.

Es passiert unglaublich viel in den nächsten Tagen. An einem Abend wird ein Festspiel »Olympische Jugend« aufgeführt.

Der Text stammt von Diem, dem deutschen olympischen Generalsekretär, vertont haben es die Komponisten Egk und Orff. Dazu tanzen die berühmte Gret Palucca und der nicht weniger berühmte Harald Kreuzberg. Zum Schluss wird etwas aus der 9. Sinfonie von Beethoven gespielt. Da horcht die Welt auf, was die Deutschen alles können.

Etwas ganz Verrücktes gibt es rund um Berlin. Da haben die Leute Radios mit Bildern, auf denen man sehen kann, was im Stadion passiert. So ein Bilderradio heißt Fernsehen, aber die Bilder sind oft undeutlich. Trotzdem, so ein Bilderradio wäre eine tolle Sache. Wenn man sich vorstellt, dass man in Duisburg sehen kann, was in Berlin gerade eben passiert ... Eigentlich kann man sich das gar nicht ausdenken.

Und dann die vielen Medaillen! Die Deutschen haben offenbar doch die besten Sportler. Daran ist nichts zu drehen und zu deuteln, denn sie erringen insgesamt 38 Gold-, 31 Silber- und 32 Bronze-Medaillen. Die Sportler aus den Vereinigten Staaten können dagegen nur 24 Gold-, 21 Silber- und 12 Bronze-Medaillen gewinnen.

Am aufregendsten ist die Sache mit dem Staffellauf der Damen gewesen. Das ist aber auch zu dumm gelaufen! Die deutschen Sportlerinnen haben klar in Führung gelegen, die anderen waren weit abgeschlagen. Und da – beim Wechsel des Staffelholzes passierte es. Die letzte Läuferin hat das Staffelholz irgendwie nicht richtig zu fassen bekommen und es fallen lassen. Der sichere, greifbare Sieg mit der Medaille war verloren!

Die Stimme des Reporters im Radio hat sich fast überschlagen, als er über das Geschehen berichtete. Heinrich und Johanna sind aufgesprungen vor Aufregung und hätten fast mitgeweint mit den Sportlerinnen, die den Sieg so greifbar vor sich hatten und ihn nun doch nicht erringen konnten.

Es dauert einige Zeit, bis sich nach den Spielen in Berlin wieder die Normalität im Land einstellt.

Familienleben

Der schönste Tag der Woche ist der Sonntag. Das findet Heinrich, und Johanna ist derselben Meinung. Denn am Sonntag ist der Vater zu Hause, und auch die Mutter nimmt sich Zeit für die Kinder. Bei schönem Wetter werden Wanderungen oder auch einfach ein Stadtbummel unternommen. Mutters Schwestern mit ihren Familien wohnen alle in der Nähe und freuen sich über Besuch.

Aber schön ist ein Sonntag auch, wenn das Wetter ein Ausgehen nicht erlaubt. Dann werden nämlich die Brettspiele hervorgeholt und Mensch-ärgere-dich-nicht gespielt oder Halma, Dame, Mühle und noch andere Würfelspiele. Manchmal betteln die Kinder auch, dass die Mutter von früher erzählen soll. Sie lehnt meistens erst einmal ab, aber die Kinder wissen schon, dass sie ihr nur lange genug zusetzen müssen – dann fängt sie an zu erzählen.

»Ich habe euch doch schon so viel von früher erzählt«, wehrt Mutter jedesmal ab.

»Das macht doch nichts! Ich kann das immer wieder hören«, bettelt Heinrich. »Erzähl uns vom Sedanfest ... und von der Reise nach Ostpreußen ... und wie du so schlimm krank warst.«

»Sachte, sachte! Nur nicht alles auf einmal«, lacht Mutter. »Also gut: Meine Eltern waren schon sieben Jahre lang verheiratet, und es hatte sich noch kein Nachwuchs eingestellt. Sie waren sehr traurig darüber und dachten, dass sie niemals Kinder haben würden und später alt und einsam sein müssten. Da überlegten sie, ob sie nicht ein Kind aus einem Kinderheim adoptieren sollten. Als sie noch beratschlagten, wann sie solch ein Waisenkind am besten aus dem Heim holen könnten, merkte meine Mutter, dass sie selbst ein Kindchen bekommen würde.«

»Das warst du, Mutter«, sagt Heinrich.

»Ja, das war ich. Ich war die älteste Tochter der Familie. Und dann kamen noch vier Mädchen dazu. Und ganz zuletzt noch ein Junge.«

»Da wart ihr sechs Geschwister.«

»Richtig. Als ich ein kleines Mädchen war, wurde ich einmal sehr krank, ich bekam Diphterie. Das ist eine Krankheit, bei der der Hals immer mehr anschwillt, so sehr, dass man zuletzt gar nicht mehr atmen kann und ersticken muss. Ich hatte hohes Fieber und fing auch schon an zu röcheln. Ihr wisst ja, dass mein Vater ein Kaufmann gewesen ist. Im Laden war auch immer eine hölzerne Tonne mit Salzheringen. Die Heringe schwammen in einer stark salzigen Lauge. Davon schöpfte mein Vater eine Kelle voll und schüttete sie mir in den Mund. Ich schluckte das Salzwasser so gut ich konnte und gurgelte damit. Und siehe da: nach kurzer Zeit ging die Schwellung in meinem Hals zurück, und ich konnte wieder frei atmen.«

»Brrr, das muss doch scheußlich geschmeckt haben, Mutter!«, meint Johanna.

»Ich entsinne mich gar nicht mehr so richtig daran. Sicherlich hat es mich fürchterlich im Hals gebissen und gekratzt. Aber es hat schließlich auch geholfen. ›Das Böse muss das Böse vertreiben!‹, hat meine Mutter immer gesagt.«

»Und was hast du noch alles erlebt? Ich meine, als du noch klein warst!«

»In der Schule saßen wir Kinder in Reihen auf Holzbänken. Vor uns war ein schräger Tisch, oben gab es eine Ablage für die Griffel und Federhalter. Dort oben war auch das Tintenfass eingelassen, das man mit einem Deckel verschließen oder öffnen konnte, je nachdem, ob mit Tinte geschrieben werden sollte oder nicht. Ich hatte lange, hellblonde Zöpfe, die mir am Rücken herunterbaumelten. Hinter mir saß das Mariechen, ein Mädchen, das immer zu dummen Streichen aufgelegt war. Sie war ein richtiges Öösken, wie wir Rheinländer sagen. Jedenfalls hat sie eines Tages vorsichtig meine Zöpfe genommen und die Spitzen in das Tintenfass getaucht. Unsere gute alte Eisengallustinte hat die Haare sofort verätzt. Zwar hat mich unser Lehrer gleich nach Hause geschickt zu meiner Mutter, aber die Tinte ließ sich nicht herauswaschen. Im Gegenteil, die blaugrüne Farbe stieg immer höher an meinen Zöpfen hoch. Ich weinte, aber meine Mutter wusste Rat. Sie schnitt einfach ein gutes Stück von den Haaren ab. Ich habe später nie wieder so lange Zöpfe gehabt.«

»Früher hatte ich in Diestelow auch Zöpfe«, wirft Johanna ein. »Manchmal haben wir sie zu Affenschaukeln hochgebunden, weißt du noch? Aber ich bin froh, dass ich jetzt kurze Haare habe.«

»Einmal«, fährt Mutter fort, »musste ich mit offenen Haaren ein Gedicht aufsagen. Das war beim Sedanfest.«

»Sedanfest? Was ist denn das?«

»Im Deutsch-Französischen Krieg haben die Deutschen die Festung Sedan in Frankreich erobert. Jedes Jahr Anfang September gab es deswegen eine Gedenkfeier, das Sedanfest. Ich bekam damals ein Kränzchen aus Kornblumen auf meine blonden Haare gesetzt und musste einen Vers aufsagen.«

»Kornblumen? Die werden doch so schnell welk«, wundert sich Heinrich.

»Das sind doch Mohnblumen!«

»Der Kaiser mochte die blauen Kornblumen so gern, es waren seine Lieblingsblumen. Ich weiß auch noch, wie das Gedicht anfing, das ich damals vor der Festgemeinde aufgesagt habe: ›Der Kaiser ist ein lieber Mann, er wohnet in Berlin. Und wär es nicht so weit von hier, dann ging ich heut' noch hin!‹«

»Du hast uns auch schon mal erzählt, wie du mit dem Zug nach Ostpreußen gefahren bist und ihr die Tür nicht aufmachen durftet.«

»Ja, das war in der schlechten Zeit, als ich verwitwet war. Meine Kusinen besaßen ein großes Gut in Ostpreußen. Man konnte allerdings schlecht dorthin kommen, denn dazwischen liegt der polnische Korridor. Zu Kaisers Zeiten konnte man von Pommern aus durch Posen-Westpreußen bis nach Ostpreußen fahren. Da war das alles Deutschland. Nach dem Krieg, als der polnische Staat wieder gegründet wurde, sollte er einen Zugang zur Ostsee haben. Deswegen wurde ein Streifen Land an der Weichsel entlang zu Polen geschlagen – und Danzig wurde zur Freien Stadt erklärt.«

»Das hatten wir neulich in der Schule«, wirft Johanna ein. »Das heißt, Danzig gehört zu niemandem: weder zu Polen noch zu Deutschland.«

»Die Polen waren damals sehr unfreundlich. Die Deutschen hatten zwar das Recht, mit Zügen durch den Korridor nach Ostpreußen zu fahren, was ja wieder zum Deutschen Reich gehört. Aber gerne haben sie das nicht gestattet. In Schneidemühl war der Grenzbahnhof. Dort wurden die Türen des Zuges plombiert.«

»Was ist denn das?«

»Niemand konnte unbemerkt eine Tür öffnen. Der Zug durfte nirgends halten und niemand ein- oder aussteigen. Entlang der Bahnlinie waren Wächter aufgestellt, die sofort auf den Zug schossen, wenn jemand aus dem Fenster schaute.«

»Und wie lange dauerte die Reise durch den polnischen Korridor?«

»Je nachdem, wie schnell der Zug vorankam, dauerte es mehrere Stunden. Wir haben dann immer die Gardinen an den Abteilfenstern zugezogen und im Halbdunkel gesessen. Erst wenn wir in Ostpreußen ankamen und deutschen Boden unter den Füßen hatten, konnten wir wieder frei aufatmen.«

»Erzähl doch noch, wie die Franzosen im Rheinland waren, Mutter!«, bettelt Heinrich.

»Ach, das war eine bewegte Zeit. Der Friedensvertrag von Versailles schrieb vor, dass Deutschland an Frankreich viel Ruhrkohle liefern musste.«

»Ja, das weiß ich. Unser Lehrer hat gesagt, das wäre sehr ungerecht gewesen. Er nennt ihn auch nicht Friedensvertrag, sondern ›Schanddiktat von Versailles‹, weil die Siegermächte Deutschland dabei bis aufs Blut auspressen wollten. Und außerdem wollten die Franzosen das Saargebiet für Frankreich haben.«

»Passt du in der Schule immer so gut auf?«, neckt Johanna ihren jüngeren Bruder, doch der lässt sich in seinem Eifer nicht unterbrechen: »In der Abstimmung haben sich die Saarländer aber für Deutschland entschieden.«

»Wir haben auch schon einmal das Lied gesungen: ›Deutsch ist die Saar, deutsch immerdar ...‹«, ergänzt Johanna.

»Aber Mutter sollte doch von den Franzosen im Rheinland erzählen ...«

»Ihr lasst mich ja nicht zu Wort kommen ... Also gut: Als Deutschland in der schlechten Zeit die vorgeschriebene Menge Kohlen nicht mehr liefern konnte, sind die Franzosen in das Ruhrgebiet einmarschiert, um die Kohleförderung selbst zu überwachen.«

»Aber das durften sie doch eigentlich nicht! Sie konnten doch nicht einfach nach Deutschland kommen und sich wie die Herren aufspielen.«

»Sie fühlten sich im Recht. Und das war schlimm für unsere Familie. Unter den französischen Soldaten war einer, der meine jüngere Schwester Gertraud auf der Straße gesehen hatte. Gertraud oder Traudchen, wie wir eure Tante damals nannten, war ein entzückendes Mädchen mit strahlend blauen Augen, goldblonden Haaren und rosiger Haut. Sie war schlank und rank, ach, was erzähle ich ... Der junge französische Soldat verliebte sich rettungslos in Gertraud.

Mein Vater gehörte zu der deutschnationalen Partei und war schrecklich zornig auf den Franzosen. Er würde seine Tochter niemals einem Franzosen zur Frau geben wollen, sagte er, aber da kam der Kommandant des französischen Soldaten zu meinem Vater und verhörte ihn, weil er anti-französische Äußerungen gemacht hatte. Wir mussten Traudchen vor dem Franzosen verstecken. Und bald darauf schickten meine Eltern sie weit weg zu Verwandten.«

»Die Franzosen sind unsere Erbfeinde, hat unser Lehrer gesagt. Sie haben doch auch deinen ersten Mann totgeschossen, nicht wahr, Mutter?«

»Ja, aber ich kann mir nicht vorstellen, dass sie gern Krieg geführt haben«, seufzt die Mutter.

»Doch! Die sind kriegslüstern und wollen den Deutschen nur schaden. Das steht sogar in unserem Geschichtsbuch.«

»Jedenfalls war damals der Ruhrkampf«, fährt die Mutter fort. »Da haben die deutschen Bergleute einfach gestreikt. Nein, haben sie gesagt, wenn die Franzosen unsere Kohle haben wollen, dann sollen sie selbst in die Gruben fahren und dort Kohle fördern. Wir machen da nicht mit.«

»Das war großartig. Richtige Helden sind das gewesen, das hat auch unser Lehrer gesagt.«

Die Geburtstagsfeier

Im Sommer 1937 feiert Johanna ihren 14. Geburtstag.

Schon am frühen Morgen wird sie von strahlendem Sonnenschein geweckt. Mutter gratuliert ihr zuerst, hinter ihr steht Heinrich.

Was wohl in dem großen Paket steckt, das Mutter ihr überreicht? Johanna ist ganz neugierig, als sie die Schleifen aufzieht und das bunte Papier auseinanderfaltet. Wie sie es schon fast vermutet hat, findet sie Wolle darin, wunderschöne rote Wolle zum Stricken.

»Oh Mutter, du hast sie doch gekauft! Danke! Die teure Wolle! Darf ich mir jetzt einen Pullover stricken?«

»Genau dafür ist die Wolle gedacht. Willst du denn schon gleich heute damit anfangen?«

»Ach, Mutter, das wird wohl nichts werden. Heute nach der Schule kommt doch Besuch!«

»Nun ja, dann fängst du eben morgen an!«

»Darf ich jetzt auch gratulieren?«, fragt Heinrich. »Ich wünsche dir Gesundheit und langes Leben, ewige Jugend und Schönheit, eine Million Reichsmark und viele Kinder und Enkelkinder!«

»Das hast du aber wunderschön gesagt, Heinrich.« Sie umarmt ihren kleinen Bruder. »Ob das alles in Erfüllung gehen wird, was du mir da gewünscht hast?«

»Na, mindestens«, meint Heinrich. »Willst du nicht nachsehen, was ich dir eingepackt habe? Erst dachte ich ja, ich gebe dir die Spitzmaus, die Nachbars Katze gestern gefangen hat ...«

»Spitzmaus? Du weißt doch, dass ich vor Mäusen keine Angst habe. Aber eine Spitzmaus kann doch nicht in diesem Päckchen sein, oder doch?«

»Schau einfach mal nach!«

Johanna reißt vorsichtig das Papier von dem kleinen Päckchen. Die »Spitzmaus« entpuppt sich als eine kleine gelbe Kerze.

»Vater musste heute früh schon zeitig fort. Er lässt dich herzlich grüßen und wird dir heute Abend gratulieren.«

Johanna hat für den Nachmittag Gäste eingeladen. Ihre Freundin Hilde wird kommen und ihre Kusine Ruth, die Tochter von Tante Traudchen. Und ihr Vetter Friedhelm, der Sohn von Tante Liesbeth wird ebenfalls erscheinen. Beide fahren mit der Straßenbahn von Mülheim-Speldorf nach Duisburg.

Weil die Sonne so herrlich scheint, hat Johanna den Tisch auf dem kleinen Rasenstück hinter dem Haus gedeckt. Sie hat gestern einen Rührkuchen gebacken, Mutter steuert eine Kanne Kakao für die Festgesellschaft bei.

Johanna erhält noch einige schöne Geschenke: ein umhäkeltes Taschentuch, zwei Bananen, einen Füllfederhalter und eine Packung mit Dame-Steinen aus brauner und weißer Schokolade. Die Steine sind groß, viel zu groß für das Spielbrett, das Johanna und Heinrich besitzen. Und dabei wäre es doch so ein Spaß gewesen, mit diesen Schokolade-Spielsteinen Dame zu spielen.

Beim Kuchenessen und Kakaotrinken überlegen alle, wie man an ein größeres Spielbrett kommen könnte. Hilde hat die rettende Idee. »Meine Großmutter besitzt eins. Ich habe schon manchmal bei ihr darauf gespielt. Das hole ich. Sie wohnt nicht sehr weit weg.«

»Da gehen wir gleich alle mit«, schlagen die Festgäste vor.

Bald darauf ist eine muntere Truppe unterwegs zur Wohnung von Hildes Großmutter. Die süßen Spielsteine bleiben im Garten liegen.

Zum Glück ist die alte Dame zu Hause. Natürlich ist sie gern bereit, den Kindern das Spielbrett auszuleihen. Auf dem Heimweg überlegen sie schon genau, wer mit wem oder gegen wen die erste Partie Dame spielen soll.

Die Schokoladen-Spielsteine liegen immer noch auf dem Tisch in der Sonne. Doch als Johanna den ersten aufnehmen will, bleibt er ihr an den Fingern kleben. In der Hitze ist die Schokolade vollkommen aufgeweicht. Da bleibt der Festgesellschaft nichts anderes übrig, als die Steine schnellstens aufzuessen. Obwohl sie süß schmecken, gibt es doch ein paar bittere Tränen.

Einige Tage später gibt es noch einmal Tränen. Johanna hat sich mit Feuereifer daran gemacht, ihren Pullover zu stricken. Sie arbeitet nach einem Strickmuster und stellt erst das Vorder-, dann das Rückenteil her. Das Vorderteil ist leider etwas zu eng geraten – Johanna muss zugeben, dass sie sich nicht genau an die Anleitung gehalten hat. Aber eigentlich müsste es so gerade noch gehen ...

Mutter versucht immer wieder, sie dazu zu bewegen, das Teil noch einmal aufzuziehen und in der richtigen Größe zu stricken. Aber Johanna ist ungeduldig. Der Pullover soll doch möglichst bald fertig sein. Alles noch einmal neu stricken zu müssen, wäre doch zu ärgerlich.

Als sie am nächsten Morgen aufsteht, hat Mutter das Vorderteil aufgezogen. Das Vorderteil? Oh nein, Mutter hat aus Versehen das Rückenteil erwischt! Johanna weint bittere Tränen. Dann strickt sie beide Teile noch einmal. Der Pullover wird später von allen bewundert.

Biologieunterricht

»Biologie ist eins meiner Lieblingsfächer«, verkündet Johanna eines Tages nach der Schule, als sie mit Mutter und Heinrich daheim beim Essen sitzt.

»Was ist denn Viehologie genau?«, will Heinrich wissen.

»Da lernt man, wenn ich mich recht erinnere, etwas von Tieren und Pflanzen«, sagt Mutter.

»Von Pflanzen auch? Ich dachte, da ginge es nur um Tiere. Es heißt doch Viehologie, weil man da etwas vom Vieh lernt«, gibt Heinrich zu bedenken.

Johanna lacht belustigt auf. »Es heißt doch auch gar nicht so, wie du denkst. Biologie heißt es, mit B vorne. Und wir lernen da gar nichts von Pflanzen und Tieren, sondern von Menschen.«

»Habt ihr da auch ein Skelett gehabt und die menschlichen Knochen besprochen?«

»Nein, ganz etwas anderes. Wir hatten Rassenkunde.«

»Rassenkunde? Ich kenne nur Rassenhunde«, lacht Heinrich.

»Naja«, sagt Johanna. »So wie es Hunderassen gibt, gibt es auch Menschenrassen. Wir haben heute etwas über die Menschenrassen gelernt.«

»Die Schwarzen und die Rothäute und die Braunen …«

»Nein, das alles nicht. Heute ging es um die verschiedenen Menschenrassen in Deutschland.«

»Verschiedene Menschenrassen in Deutschland?«, wundert sich die Mutter. »Davon habe ich ja noch nie etwas gehört. Ich denke, wir hier in Deutschland gehören zu der weißen Rasse.«

» Ja sicherlich, aber da gibt es eben verschiedene. Und heute haben wir in der Schule versucht zu bestimmen, zu welcher Rasse jeder gehört. Oder zu welcher Rassenmischung.«

»Das hört sich irgendwie … nun ja, ich will nicht gerade sagen merkwürdig an … aber doch sehr ungewöhnlich.«

»Du, Mutter, gehörst eindeutig zur nordischen Rasse. Du bist schlank, blond und hast blaue Augen. Die nordische Rasse ist die beste.«

»Danke. Aber wer hat das denn gesagt? Ich meine, woher weißt du, dass die nordische Rasse die beste ist?«

»Unser Lehrer hat uns genau erklärt, dass nur die nordische Rasse fähig ist, Kultur zu bilden. Die großen Reiche der Welt, das Römerreich, das Reich der Griechen, die alten Perser und sogar die Reiche im alten Indien haben nur Menschen geschaffen, die zur nordischen Rasse gehörten. Auch die Vormacht der Franzosen, unserer Erbfeinde, beruht auf nordischem Blutanteil, hat unser Biologielehrer gesagt.«

»Das klingt ja alles ... hm, nun ja ... ich weiß nicht, wie.« Mutter schüttelt den Kopf.

»Heinrich und Vater gehören auch zur nordischen Rasse. Ich bin eigentlich auch nordisch, aber meine Haare sind dafür etwas zu dunkel. Ich habe etwas alpinen oder ostischen Einschlag. Also, ich bin eine Rassenmischung aus nordisch und ostisch.«

»Gibt es auch eine westische und eine südische Rasse?«, fragt Heinrich belustigt.

»Westisch ja, das sind die kleinen dunkeläugigen und dunkelhaarigen Menschen im Mittelmeerraum. Die sind zwar temperamentvoll, aber nicht so fleißig wie die nordischen Menschen. Und dann gibt es in Süddeutschland noch die dinarische Rasse. Die Dinarier haben braune oder schwarze Haare und sind sehr musikalisch.«

»Musikalisch bist du doch auch. Vielleicht bist du ja eine Rassenmischung aus nordisch und di ... di, naja, dem letzten eben«, meint Heinrich.

»Schlimm ist es, wenn man die Rasse verdirbt, wenn man sich mit Menschen verheiratet, die nicht aus Europa stammen.«

»Solche gibt es hier doch gar nicht.«

»Doch, die Juden. Darüber haben wir besonders ausführlich

gesprochen. Die Juden stammen eigentlich aus Asien. Sie sind nicht fähig, Kultur zu schaffen. Die können nur leben, wenn sie sich an eine von nordischen Menschen geschaffene Kultur anschließen.«

»Das kann aber so nicht stimmen«, wendet Mutter entschieden ein. »Das hast du bestimmt falsch verstanden. Die Juden sind doch ein ganz altes Kulturvolk. Als bei uns hier in Deutschland noch niemand schreiben und lesen konnte, da haben die Juden schon Bücher geschrieben, Psalmen gedichtet und dazu natürlich auch eine eigene Schrift gehabt.«

»Trotzdem verderben die Juden unsere Kultur und wollen Deutschland ins Elend stürzen. Du hättest mal unseren Lehrer hören sollen ... Und darum soll ein deutsches Mädchen darauf achten, nur einen rassisch gleichwertigen und gesunden Partner zu heiraten, damit es wertvolle Kinder bekommen kann.«

»Dabei kann ich dir doch suchen helfen«, meint Heinrich grinsend. »Wie wäre es mit dem rotblonden Eberhard von schräg gegenüber? Der ist bestimmt rassisch wertvoll ...«

»Vielen Dank, Brüderlein, aber bemüh dich nicht. Ich halte erst einmal selbst Ausschau. Und sollte ich gar keinen finden, dann komme ich auf dein Hilfsangebot noch einmal zurück.«

Das Pussi-Album

»Was hast du denn da für ein komisches Buch? Da hängt ja ein Schloss dran. Kannst du das abschließen?«, fragt Heinrich neugierig.

»Jawohl, das kann ich abschließen«, antwortet Johanna, ein bisschen stolz.

»Und was steht da Geheimnisvolles drin?«

Johanna hält ihm das Buch hin. »Lies selbst. Es steht außen drauf!«

»Po-e-sie«, buchstabiert Heinrich. »Ist das vielleicht ein Buch mit Kochrezepten?«

»Nein«, lacht Johanna, »Poesie heißt so viel wie Verse. Ich gebe das Album meinen Klassenkameradinnen, und jede schreibt mir einen Vers in das Buch. Später, wenn wir längst aus der Schule entlassen sind, werde ich die Verse noch einmal lesen und mich erinnern.«

»Aha! Wie heißt das Buch noch mal?«

»Poesie-Album.«

»Darfst du die Verse erst dann lesen, wenn du aus der Schule entlassen bist?«

»Nein, wieso denn?«

»Weil da ein Schloss dran ist.«

»Das ist doch nur so … zur Zierde.«

»Darf ich die Verse auch mal lesen?«

»Ja klar. Heute Abend lesen wir sie gemeinsam.«

Nach dem Abendessen erinnert Heinrich seine Schwester: »Wir wollten doch gemeinsam in deinem Pussi-Buch, nein, in deinem Pussi-Album lesen.«

Mutter, die in der Küche hantiert, horcht auf. »Was ist denn das, ein Pussi-Buch? Geht es da um Katzen?«

Nun lachen Heinrich und Johanna. »Mein Poesie-Album muss doch etwas Besonderes sein. Heinrich dachte vorhin, es wäre ein Rezeptbuch, und du nennst es jetzt ein Katzen-Album«, schmunzelt Johanna.

Alle drei schauen sich anschließend die Verse an.

Zur Beherzigung!
In der Schule lernten wir uns kennen,
ach wie schön war diese Zeit.
Bald müssen wir uns trennen,

vielleicht für die Ewigkeit.
In den Kranz der Erinnerungen flicht sich ein:
Hilde.

»Ist das deine Freundin?«, fragt Heinrich.
»Ja, und ich hoffe, dass wir uns nicht für die Ewigkeit trennen.« Gemeinsam blättern sie das Album durch.

Lieblich ist der Reiz der Jugend,
doch die Blüten fallen ab.
Aber Edelmut und Tugend
folgen dir noch übers Grab.
Luzia

Den Wunsch will ich ins Stammbuch schreiben,
du magst ein gutes Kind stets bleiben,
dein Herz Gott und der Tugend schenken
und lebenslang an mich auch denken.
Adele

Mit Höflichkeit in Wort und Mienen
kommt auch der Ärmste durch die Welt.
Die dieser Münze sich bedienen,
die kaufen vieles ohne Geld.
Die Höflichkeit – o merk es fein –,
sie kostet nichts und bringt viel ein.
Luise.

Dein Sinn und dein Verlangen
sei immer lilienrein,
so werden deine Wangen
stets schöne Rosen sein.
Christa

Dem kleinen Veilchen gleich,
das im Verborgnen blüht,
sei immer fromm und gut,
auch wenn es niemand sieht!
Käthe

Drei Blicke tu zu deinem Glück:
schau vorwärts, seitwärts und zurück!
Anni

Drei Engel mögen dich begleiten
in deiner ganzen Lebenszeit,
und die drei Engel, die ich meine,
sind Liebe, Glück, Zufriedenheit.
Irmgard

Sei immer treu und edel
und bleib ein deutsches Mädel.
Mathilde

Das höchste Glück, o liebes Kind,
das glaube doch mitnichten,
dass es erfüllte Wünsche sind:
Es sind erfüllte Pflichten.
Ruth

»Na, wenn du die Ratschläge alle beherzigen willst, Kind, dann hast du Tag und Nacht zu tun«, meint die Mutter.

»Vor allen Dingen: Sei immer treu und edel, du deutsches Mädel«, lacht Heinrich.

»Und du, Bruderherz, denke dran – besonders im Umgang mit deiner großen Schwester: Die Höflichkeit, o merk es fein, sie kostet nichts und bringt viel ein!«

Sommerferien

»Mutter, ich habe kein Rindfleisch zum Kochen bekommen. Die kleine jüdische Metzgerei an der Ecke ist geschlossen.« Heinrich schägt vor, zur nächsten Metzgerei zu laufen, die allerdings einige Straßenblöcke entfernt ist.

»Das ist aber ärgerlich«, meint die Mutter. »Es war immer so praktisch, gleich hier an der Ecke Fleisch einkaufen zu können.«

»Alle jüdischen Geschäfte werden jetzt nach und nach geschlossen«, sagt Heinrich. »In der Schule haben wir gelernt, dass die Juden es nur auf unser Geld abgesehen haben und die Deutschen vernichten wollen.«

»Aber das ist doch Unsinn!«

»Nein, Mutter. Sie sollen unser Land verlassen. Auch auf die Parkbänke dürfen sie sich nicht mehr setzen. Deshalb steht auf jeder Bank ›Nur für Arier‹ – und das sind die Deutschen. Die Deutschen sind nun mal viel wertvoller als die Juden …«

»Aber Heinrich«, empört unterbricht ihn die Mutter, »so etwas habt ihr in der Schule besprochen? Das kann doch nicht wahr sein! Überleg mal, der Herr Jesus, zu dem wir beten, war doch auch ein Jude. Und Maria und Josef und die Jünger … eigentlich fast alle Menschen, von denen im Neuen Testament erzählt wird, waren Juden. Zuallererst hat Gott mit dem Volk Israel, von dem die Juden abstammen, seine Geschichte gemacht.«

»Ja, das stimmt. Aber die Juden von früher und die Juden von heute … die darf man nicht vergleichen. Das hat unser Religionslehrer schon oft gesagt. Er sagt, die Juden, die heute in unserem Land leben, sind schlechte Menschen.«

Johanna mischt sich in das Gespräch ein. »Früher, als ich noch klein war, bin ich in Sachsenhausen oft zu unseren Nachbarn gelaufen. Das waren Juden. Bei denen habe ich Matzen gegessen. Das hat mir immer so gut geschmeckt.«

»Und? Waren das schlechte Menschen?«, hakt die Mutter nach.

»Nein, davon habe ich nichts gemerkt.«

»Siehst du?«

»Aber die Juden treiben Wucher und haben vielen Bauern früher das Land abgenommen und sie von Haus und Hof verjagt. Das ist wirklich so passiert«, widerspricht Heinrich.

»Ja, das hat es leider gegeben. Ich selbst habe das noch miterlebt. Aber wisst ihr, das lag auch daran, dass die Juden früher kein Handwerk ausüben durften. Sie durften nur Kaufleute sein. Ich kenne jedenfalls viele jüdische junge Männer, die im letzten Krieg für das deutsche Vaterland gekämpft haben. Viele von ihnen sind damals gefallen … Da kann mir doch niemand weismachen, dass diese jungen Leute Deutschland vernichten wollten«, ereifert sich die Mutter.

»Du müsstest einfach mal mit unserem Lehrer reden, Mutter«, schlägt Heinrich vor.

Es schellt an der Haustüre. Draußen stehen zwei junge Mädchen mit einer Spendenbüchse. Eine von ihnen hat einen flachen Karton in der Hand, in dem hübsche Ansteckanadeln ausgebreitet liegen. Ein schneebedeckter Berg ist darauf zu sehen und eine kleine Almhütte mit Hakenkreuz.

»Wir sammeln für das Winterhilfswerk!«, sagen die beiden gemeinsam. »Der Erlös der heutigen Sammlung ist für die Bergwacht bestimmt. Unsere Volksgenossen in den Bergen brauchen unsere Unterstützung.«

»Schon gut«, sagt Mutter und holt zwei Groschen aus der Geldbörse.

»Aber Mutter, das ist doch zu wenig. Du weißt doch, dass jede Familie einmal im Monat auf ihren Sonntagsbraten verzichten und statt dessen Eintopf essen soll. Das dadurch gesparte Geld kommt den Bedürftigen in unserem Volk zugute.«

Mutter seufzt. »Na gut! Dann kaufe ich eben zwei Abzeichen.« Sie steckt die Münzen in den Schlitz der Sammelbüchse. Die Mädchen überreichen ihr zwei Anstecknadeln, bedanken sich und gehen weiter zum nächsten Haus.

»Aber sei nicht unzufrieden, wenn es am Sonntag Erbsensuppe gibt«, lacht Mutter. »Da die kleine jüdische Metzgerei geschlossen hat, ist es sowieso umständlicher geworden, Fleisch zu kaufen. Heinrich, dann brauchst du jetzt auch gar nicht mehr zur anderen Metzgerei zu laufen.«

»Ich finde es gut, dass sich die Menschen in Deutschland gegenseitig helfen«, meint Johanna. »Sie haben schon für die Bernsteinfischerei an der Ostsee gesammelt, für die Bauern hinter dem Deich in Nord- und Ostfriesland ...«

» ... für die Kriegsveteranen und die Holzschnitzer im Erzgebirge und für die Moorleute in Ostpreußen«, ergänzt Heinrich.

»Wo ihr so viele deutsche Landschaften nennt, fällt mir gerade etwas ein. Es gibt doch nächste Woche Sommerferien ... und da hat Vater heute Morgen etwas vorgeschlagen ...«

»Was denn?«

»Vater muss mit seinem Lastwagen eine Auftragsfahrt nach Kassel machen. Und er meint, da wäre es doch eine Kleinigkeit, euch beim Großvater Johannes abzusetzen. Von dort aus könnt ihr dann eure Vettern und Kusinen im Waldecker Land besuchen. Zurück müsstet ihr aber mit der Eisenbahn fahren. Das ist ...«

»... eine großartige Idee!«, jubelt Johanna.

»Ich wollte eigentlich sagen: Das ist nicht schwierig, denn es gibt einen durchgehenden Zug. Ihr steigt in Sachsenhausen ein und in Essen aus. Alles andere ist ein Kinderspiel.«

Vierzehn Tage später sind Johanna und ihr Bruder auf dem Weg zu Großvater Johannes. Seit dem Tod seiner zweiten Frau und dem frühen Tod seines Sohnes betreibt er zusammen mit der Schwiegertochter eine kleine Landwirtschaft. Bis auf Heinrich und Johanna leben alle Enkelkinder in der Nähe, so dass er sie öfters zu Gesicht kriegt. Und so freut er sich ganz besonders, dass die beiden Kinder seiner früh verstorbenen Tochter Klara in den Ferien zu Besuch kommen.

»Ich freue mich, mal wieder auf dem Land zu sein«, sagt Johanna schon unterwegs zu Heinrich. »Da kann ich so richtig mit anpacken. Und du musst auch in der Ernte helfen ... Garben aufstellen kannst du ja, wenn du sie auch noch nicht binden kannst.«

Die beiden verleben eine herrliche Zeit. Sie strolchen mit dem Vetter und den beiden Kusinen in der Burgruine herum, unternehmen einen Ausflug zu den Verwandten an den Edersee, besuchen Tante Lina in Sachsenhausen, Tante Mariechen in Netze, Tante Emma in Bad Wildungen, wo Großmutter Johannette wohnt. Schön, sie alle wieder zu sehen!

»Bitte, Großmutter«, bettelt Johanna, »koch uns doch einmal Schrüjjelsuppe! Die hast du damals in Dieselow öfters gekocht, als Mutter so krank war.«

Natürlich bekommt die Enkelin den Wunsch erfüllt – vor allem wenn es sich um so etwas Einfaches wie diese Suppe aus gebratenem Speck, Zwiebeln und Mehl handelt.

Großvater Johannes setzt sich eines Abends zu Johanna auf die Bank vor dem Haus. Vor sich hat sie einen Roman, der den Titel »Der Etappenhase« trägt.

»Ach Kind«, sagt Großvater zu ihr. »Solche Bücher musst du nicht lesen! Die verderben dir die Phantasie.«

Johanna legt das Buch zur Seite.

»Weißt du«, fährt der Großvater fort, »ich möchte dir so gerne aus meinem Leben erzählen und sagen, was mir das Wichtigste geworden ist.«

Johanna horcht neugierig auf. »Das Wichtigste in deinem Leben, Großvater?«

»Das Allerwichtigste, Kind! Schau, als ich noch jung war, da lebte ich in den Tag hinein, ohne mir viele Gedanken zu machen. Ich war eben einfach da, war auf der Welt und wusste eigentlich nicht, warum. Das hat mich anfangs auch gar nicht gestört. Aber dann wurde ich doch nachdenklich. Ein Menschenleben muss doch einen Sinn haben, dachte ich. Einfach nur fünfzig oder sechzig oder achtzig Jahre leben und dann nichts mehr sein, das war mir zu wenig. Ich suchte nach einer Antwort ... Und das ging mehrere Jahre so weiter.«

Johanna bemerkt, dass Großvaters Augen strahlen.

»Du musst nicht denken, dass ich damals nicht schon gebetet hätte. Nein, ich war kein Mensch ohne Religion. Ich habe oft gebetet: ›Gott, wenn es dich gibt und du wirklich Interesse an mir hast, dann zeige mir das doch!‹«

»Und hat Gott dir etwas gezeigt?«

»Ja, er wusste, dass es mir ernst war mit meiner Bitte. Damals kam ein Mann ins Dorf, der Bibeln verkaufte und mit den Leuten über den Glauben sprach. Ich habe sogleich gemerkt, dass er kein Schaumschläger oder Geschäftemacher war. Er hatte genau das, was ich die Jahre zuvor gesucht hatte ... Einmal erzählte er mir ausführlich, wie es bei ihm dazu gekommen war. ›Gott, ich stelle dir mein Leben zur Verfügung, mach du etwas daraus!‹, hatte er eines Tages gebetet. Und nun wusste er sein Leben bei Gott geborgen und gut aufgehoben. Wir haben damals viel über den Glauben gesprochen. Und dann fasste ich den Entschluss, es genauso zu machen wie er.«

»Und hat es dich gereut?«

»Gereut? Nein, Kind, niemals. Das war die beste Entscheidung meines Lebens. Ich verlasse mich seitdem ganz auf Gott und seinen Sohn, den Heiland Jesus Christus. Der ist mein Freund.

Du kennst ja mein Lieblingslied: ›Welch ein Freund ist unser Jesus ...‹«

Johanna nickt.

»Siehst du, mein liebes Kind, das wollte ich heute Abend mit dir besprechen. Ich weiß nicht, wie lange ich noch leben werde. Deshalb möchte ich dir sagen, dass ein Leben mit Jesus sich lohnt. Du kannst ihm alles sagen, was dich bedrückt. Lies täglich in seinem Wort, der Bibel, dann bist du bei ihm geborgen – gleichgültig, was dir sonst alles bedrohlich erscheinen will.«

»Weißt du, Großvater, das habe ich mir selbst schon vorgenommen. Ich will mich wie du auf Gott verlassen und zu ihm gehören.«

»Gott segne deinen Entschluss, Johanna. Ich wünsche mir, dass du genauso froh darüber wirst, wie ich es geworden bin.«

Vom Edersee

Eines Abends besuchen Johanna und Heinrich zusammen mit ihrem Vetter Onkel Karl. Der hat nämlich versprochen, ihnen etwas Besonderes zu erzählen. Onkel Karl hat damals beobachtet, wie der Edersee nach dem Bau der Sperrmauer allmählich voll Wasser gelaufen ist.

»Also gut«, beginnt der Onkel, als sie zusammen um den Küchentisch sitzen, »ich habe das schon oft erzählt, und es ist ja auch schon bald fünfundzwanzig Jahre her, aber trotzdem erinnere ich mich noch daran, als wäre es gestern gewesen. Wisst ihr denn überhaupt, warum man auf die Idee gekommen ist, die Sperrmauer zu bauen?«

Die Kinder schütteln den Kopf.

»Jedes Jahr im Frühling trat die Eder über die Ufer und überschwemmte Dörfer und die Städte Fritzlar und Kassel. Das lag an der Schneeschmelze im Rothaargebirge. Die Eder konnte damals so viel Wasser auf einmal eben nicht fassen. Im Sommer dagegen war das Wasser knapp. Das hat den Städten und Dörfern nicht so viel ausgemacht, wohl aber den Schiffern auf der Weser. Ihr wisst doch, dass aus dem Zusammenfluss von Werra und Fulda die Weser entsteht?«, Onkel Heinrich überprüft vorsorglich das Wissen seiner Neffen und Nichten. »Die Schiffe auf der Weser konnten dann manchmal wochenlang nicht fahren, weil der Wasserstand so niedrig war. Und da hat man sich überlegt, dass es doch praktisch wäre, das viele Frühjahrswasser zurückzuhalten und im Sommer nach und nach an die Weser abzugeben.«

»Das ist wirklich praktisch, Onkel Karl«, sagt Heinrich, »da gibt es im Frühjahr keine Überschwemmung und im Sommer keine Trockenheit.«

»Und außerdem kann man das Wasser noch nutzen, um Turbinen anzutreiben und dadurch elektrischen Strom zu erzeugen. Ja, als die Pläne fertig waren, wurde eine passende Stelle gesucht, wo man die Eder stauen kann. Der günstigste Platz, so entschieden die Ingenieure, war hier im Waldecker Land oberhalb von Hemfurth zwischen zwei Felsen. Auch das Baumaterial brauchte nicht von weither geholt zu werden, denn man konnte Grauwacke nehmen, das sind Steine, wie man sie hier in vielen Steinbrüchen findet.«

»Das muss ja eine riesige Baustelle gewesen sein.«

»Richtig, das war eine gigantische Baustelle. Hunderte von Arbeitern bekamen Holzbaracken aufgestellt, vom Bahnhof Bergheim wurde ein Gleisanschluss bis zur Baustelle gelegt, um das Baumaterial anzufahren. Drei alte Dörfer, Asel, Berich und Bringhausen und noch einige Einzelhöfe mussten den Wasserfluten weichen. Nicht weit von den alten Siedlungen entfernt, baute man auf höher gelegenem Gelände Neu-Asel, Neu-Berich und Neu-Bringhausen. Die Häuser der alten Dörfer wurden abgebrannt. Ich weiß noch, wie Bringhausen brannte. Die steinernen Kellermauern wurden zerschlagen.«

»Warum konnten die Häuser denn nicht unter Wasser stehen bleiben?«

»Ach wisst ihr, jedes Jahr im Herbst, wenn der Edersee leer ist, hätte man die Häuser wieder gesehen. Das wäre doch für die ehemaligen Bewohner jedesmal ein trauriger Anblick gewesen. Deswegen hat man die alten Dörfer zerstört. Und natürlich mussten auch die Kirchtürme abgetragen werden.«

»Kann ich mir denken, sonst hätte ja ein Schiff daran stoßen und kentern können.«

»Richtig. Und aus dem gleichen Grund wurden auch die Brücken über die Eder gesprengt.«

»Ist die Sperrmauer denn überhaupt stabil genug?«, will Heinrich wissen. »Auch wenn sie mal alt geworden ist?«

»Da brauchst du keine Sorge zu haben. An der Talsohle ist sie 39 Meter breit, die Mauerkrone hat immerhin noch eine Breite von 5 Metern. Und insgesamt ist die Sperrmauer 48 Meter hoch.«

»Und der ganze See ist 28 Kilometer lang«, wirft der Vetter ein.

»Ja, sie war damals die größte Talsperre in Deutschland und die zweitgrößte in Europa. Deswegen sollte auch der Kaiser mit seiner Gemahlin am 15. August 1914 anreisen und die Talsperre feierlich einweihen. Leider ist es dazu nicht mehr gekommen, weil kurz zuvor der Weltkrieg ausgebrochen war.«

»War da schon Wasser im See?«

»Ja. Mit dem Aufstauen des Wassers begann man im Winter 1913. Das war eine aufregende Sache, kann ich euch sagen. Ganz langsam stieg das Wasser an. Die Tiere flüchteten sich auf die höher gelegenen Teile, aber kleinere Bergkuppen wurden zu Inseln, auf denen Hasen, Marder, Wiesel und Igel und andere Tiere eingeschlossen waren. Ich selbst habe mit dem Fernglas beobachtet, wie ein Fuchs und ein Igel ertranken, weil man sie nicht mehr retten konnte.«

»Die armen Tiere! War das nicht schrecklich?«

»Doch, es war schrecklich. Aber die meisten Tiere konnten gerettet werden. Junge Leute mit kleinen Booten haben die Rettungsaktion durchgeführt.«

Zurück aufs Land

»Johanna, du wirst bald fünfzehn und kommst aus der Schule – und dabei bist du immer noch dünn wie eine Bohnenstange«, stellt die Mutter eines Tages seufzend fest.

Johanna blickt schuldbewusst auf. »Ich kann doch nichts dafür, Mutter. Ich nehme einfach nicht zu.«

»Ich mache mir Sorgen, dass du die Krankheit deiner Mutter Klara bekommen könntest. Ihr alle habt euch bei ihr mit der Tuberkulose angesteckt. Die Krankheit hat sich zwar jetzt verkapselt, aber wenn du dünn und schwächlich bleibst, könnte sie wieder ausbrechen. Du bist in letzter Zeit einfach zu sehr in die Länge geschossen, Johanna.«

»Dabei gebe ich mir alle Mühe, so viel wie nur möglich zu essen. Aber es hilft nichts!«

»Wir müssen etwas tun … Ich überlege mal.«

Johanna weiß, dass Mutter nun nicht ruhen wird. Und nach ein paar Tagen hat sie tatsächlich eine Überraschung für Johanna.

»Du sollst im Herbst mit der NSV-Kinderlandverschickung verreisen«, eröffnet sie der Tochter, als sie kurz nach dem Ende der Sommerferien aus der Schule nach Hause kommt. »Du kannst schon Ende des Monats mit einem Transport nach Pommern fahren.«

Johanna schluckt. »Ich will ja gerne zunehmen, aber ich weiß auch, dass ich schrecklich Heimweh haben werde, Mutter … vor allem nach … nach dir!«

Mutter lächelt. »Kind, es kommt doch vor allem darauf an, dass du gesund bleibst. Ich habe bestimmt auch Sehnsucht nach dir, glaub mir, aber gerade weil ich dich lieb habe, möchte ich auf keinen Fall riskieren, dass du krank wirst.«

Johanna nickt. Nein, krank werden und allmählich abmagern, täglich weniger werden und dann früh sterben wie ihre Mutter Klara, das möchte sie auch nicht. Zu deutlich stehen ihr die Elendsbilder aus ihren Kindertagen noch vor Augen.

»Da heißt es stark sein, mein Kind! In Pommern auf dem Hof wirst du dich rund und pummelig futtern. Darauf kommt es an.«

»Ich schreibe aber jeden zweiten Tag einen Brief nach Hause.«

Am Abreisetag versammeln sich viele magere Heranwachsende mit ihren Eltern auf dem Bahnsteig in Duisburg. Johanna stellt fest, dass sie nicht die Einzige ist, die nur in die Länge, nicht aber in die Breite gewachsen ist. Fröhlich schwatzend verstauen die jungen Leute ihr Gepäck im Abteil. Johanna hat sogar einen richtigen Koffer dabei, auch wenn er schon alt ist. Das haben noch lange nicht alle Reisende. Viele transportieren ihre Kleider in einem stabilen, fest verschnürten Persil-Karton.

Als der Zug sich in Bewegung setzt und Mutter, Vater und der kleine Bruder auf dem langsam entschwindenden Bahnsteig immer kleiner werden, kommen Johanna die Tränen. Nur einige wenige, schließlich ist sie ja schon fast erwachsen und kommt bald aus der Schule … Außerdem weint ein deutsches Mädel nicht.

Die Reise geht über Hannover, Braunschweig und Magdeburg nach Berlin. Von dort fährt der Zug in östlicher

Richtung, überquert bei Küstrin die Oder und fährt dann weiter nach Stettin und erreicht schließlich Gollnow, wo alle aussteigen. Hier werden die Kinder aus dem Ruhrgebiet schon erwartet.

Herr Ehlert ist der Eigentümer des Hofes, auf dem Johanna jetzt vier Wochen lang wohnen soll. Johanna klettert auf seinen Pferdewagen, und schon geht die Fahrt los aufs Land. Die einzelnen Gehöfte liegen hier weiter auseinander, als sie es von Diestelow kennt. Drei Höfe liegen nahe beieinander, und hier kommt der Wagen zum Stehen.

»Willkommen in Neudorf«, sagt Herr Ehlert und hilft ihr beim Aussteigen. »Schön ist es hier«, denkt Johanna, während sie sich umsieht. Der breite, behäbige Hof versteckt sich unter hohen Bäumen, Wiesen und Weiden liegen hinter dem Haus. Die Felder weiter draußen sind ein bisschen wellig, insgesamt aber ist das Land ziemlich flach.

Frau Ehlert, eine Frau Mitte dreißig, begrüßt die Städterin freundlich. Stine, die Magd, und Tönnies, der alte Knecht, beäugen die Fremde zunächst einmal kritisch. So eine Stadtgöre auf dem Land, das wird ja was werden. Ob die wohl ein Schaf von einer Ziege unterscheiden kann … Dünn ist sie ja wie ein Strohhalm … Hoffentlich gelingt es uns, sie kräftig herauszufüttern, damit wir den Volksgenossen im Westen beweisen, wie gut die Luft in Pommern ist. Die sollen doch sehen, was die deutschen Bauern wert sind …

Johanna begrüßt alle artig mit einem Knicks und folgt dann der freundlichen Frau mit ihrem Koffer. Sie soll in der Stube schlafen, in der mittags gegessen wird. Johanna freut sich, dass Frau Ehlert ihr einen Strauß mit Astern auf den Tisch gestellt hat.

»So, Fräulein Johanna«, sagt die Bäuerin, »hier werden Sie wohnen. Gefällt es Ihnen bei uns?«

Johanna nickt, dann sagt sie: »Es ist schön hier. Aber bitte, sagen Sie doch nicht ›Fräulein Johanna‹ zu mir. Nennen Sie mich einfach ›Johanna‹ und ›Du‹, denn sonst bekomme ich bestimmt schreckliches Heimweh.«

»Heimweh? Das ist bei uns auf keinen Fall erlaubt. Da will ich lieber ›Du‹ sagen.«

Einige Tage später schreibt Johanna einen langen Brief nach Hause.

»Ihr Lieben daheim! Nun bin ich schon drei Tage hier. Da wird es Zeit, dass ich Euch endlich schreibe, wo ich gelandet bin. Ich wohne bei Familie Ehlert auf einem schönen, alten Bauernhof nicht weit von Gollnow entfernt. Herr und Frau Ehlert sind sehr nett und haben mir ein Bett in einem Zimmer eingerichtet, in dem ein Tisch und Stühle stehen, weil dort zu Mittag gegessen wird. Außerdem ist in diesem Zimmer noch ein Kachelofen, den sie aber jetzt nicht anheizen müssen, weil es hier noch sehr schön warm ist. Es gibt hier auch ein richtiges Wohnzimmer. Das ist aber immer verschlossen. Im Wohnzimmer steht übrigens noch der geschmückte Weihnachtsbaum vom letzten Weihnachtsfest.

Frau Ehlert hat mir erzählt, dass sie einen Sohn gehabt hätten, der aber gestorben ist. Dabei hat sie geweint. Jetzt haben sie die kleine Hanni, die gerade anfängt zu laufen. Mit ihr gehe ich oft spazieren und spiele mit ihr.

Auf dem Hof ist noch die Magd Stine und der alte Knecht, den alle Onkel Tönnies nennen, das ist wohl die Abkürzung für Antonius. Onkel Tönnies ist ein Spaßmacher. Gleich am ersten Morgen hat er mich gefragt, ob ich mal ihren Kuhstall sehen will, oder ob ich vor den großen Tieren am Ende Angst hätte? Natürlich habe ich ihm nicht verraten, dass ich früher in Diestelow immer unsere Kühe gehütet habe und mir ein Bauernhof überhaupt nicht fremd ist. Als ich mit ihm in den Stall kam, saß Stine da und war am Melken. Sie blickte mich freundlich, aber doch auch etwas skeptisch an und fragte, ob ich denn wüsste, was sie da mache. Ich habe sie gefragt, ob ich auch mal melken soll. Da hat sie gelacht und gemeint, die Kuh würde sich das nicht gefallen lassen. Ich sollte aufpassen, denn sie könnte mit dem Schwanz nach mir schlagen oder mich treten.

Ich habe nur gesagt: ›Das weiß ich!‹ und mich auf den Melkschemel unter die Kuh gesetzt. Noch ehe sie etwas einwenden konnten, habe ich die Kuh gemolken. Stine und Onkel Tönnies haben sich erst gegenseitig und dann mich erstaunt angeguckt. ›Du kannst ja melken, Mäken‹, hat Onkel Tönnies endlich gesagt. ›Habt ihr in der Stadt denn auch Kühe?‹ Ich habe gelacht und gesagt, nein, wir hätten keine.

Da hat Stine gefragt: ›Aber du kommst doch von Duisburg. Ist das nicht eine große Stadt?‹ Ich sagte, ja. Da fragte Onkel Tönnies dann, ob alle Leute in den großen Städten melken könnten? Da habe ich dann laut gelacht und ihnen endlich verraten, dass ich erst neuerdings ein Stadtmädchen bin, früher aber in Mecklenburg auf einem Bauernhof gewohnt habe. ›Ach so, deswegen …‹, hat Stine nur gesagt.

Stell dir vor, Mutter, hier gibt es auch Brunnenkresse, genau wie in Diestelow. Ich habe sie beim ersten Spaziergang mit der Kleinen im Bach hinter dem ersten Feld gesehen, und ich bekam gleich Lust, einen schönen Kressesalat daraus zu machen, so wie du das in Diestelow immer gemacht hast.

Frau Ehlert hatte keine Ahnung, dass man dieses Grünzeug überhaupt essen kann – und hat es mir erlaubt, weil sie diesen Salat kennen lernen wollte. Ich bin also mit einer Schüssel zum Bach gelaufen und habe die Kresse aus dem Wasser gefischt. Zu Hause habe ich sie gut gewaschen und dann eine Salatsoße aus Quark, Buttermilch, etwas Rahm, Essig, Salz und Pfeffer und Zwiebeln gemacht. Mittags stand dann eine große Salatschüssel auf dem Tisch.

Onkel Tönnies hat den Salat misstrauisch angeguckt und gefragt, was das wäre. Frau Ehlert hat ihm dann erzählt, dass ich den Salat aus der Kresse vom Bach gemacht hätte. Da hat er den Kopf geschüttelt und gemurmelt: ›Ziegenfutter ess ich nicht.‹ Dann haben die anderen meinen Salat probiert und gesagt, dass er ihnen gut schmeckt. Stine hat Onkel Tönnies angestoßen und gesagt, er soll auch mal versuchen. Erst wollte er nicht, aber dann hat er sich doch zwei Blättchen auf den Teller gelegt. Es schmeckte ihm anscheinend gut, denn er nahm gleich noch einmal eine große Portion. ›Ich denke, du isst kein Ziegenfutter, Onkel Tönnies‹, lachte Herr Ehlert, aber Onkel Tönnies ließ sich nicht beirren, sondern nahm sich noch einmal. Ich hatte zum Glück mehr als genug angemacht. Als die Schüssel leer war, sagte Onkel Tönnies: ›Schade, dass das Ziegenfutter schon alle ist.‹ Ich soll bald wieder Brunnenkresse holen!

In die Schule brauche ich nicht zu gehen. Ich soll mich nur erholen und viel essen. Aber überhaupt nichts zu tun, das gefällt mir nicht. Ich habe gestern den ganzen Hof gekehrt. Dort lagen noch Strohhalme von der Ernte und Heu. Irgendwie sah es nicht so sauber aus wie bei uns in Diestelow. Es hat mir richtig Spaß gemacht. Zuletzt hat Frau Ehlert gesagt: ›Was bist du nur für ein Mädchen, Johanna? So jemand wie dich hatten wir hier noch nie.‹

Am Sonntag soll ich Besuch bekommen. Ein junges Mädchen aus der Verwandtschaft von Frau Ehlert arbeitet auf einem Hof im Nachbarort und soll mal zu mir herüberkommen. Ich habe Frau Ehlert gefragt, ob sie mir ihr Fahrrad borgt, damit ich am Sonntag nach Gollnow in den Gottesdienst fahren kann. Sie hat es erlaubt, aber gefragt, warum ich dorthin will. Ich habe ihr erklärt, dass ich in der Bibel lese und bete, worüber sie sich sehr gewundert hat. Sie wäre ja auch Christin, hat sie gesagt, aber sie würde das nicht übertreiben.

Nun habe ich aber genug geschrieben, Ihr Lieben, lasst es

Euch gut gehen. Es grüßt Euch alle, besonders aber Dich, mein liebes Brüderlein, Eure Johanna.

PS. Ich habe Heimweh nach Euch!«

Johanna schreibt regelmäßig nach Hause, was sie alles erlebt. Als ihre Zeit fast herum ist, kommt folgender Brief in Duisburg an:

»Ihr Lieben daheim! Bald kann ich die Rückreise antreten. Ich freue mich schon unbändig auf das Wiedersehen. Hier ist einiges passiert, was ich Euch ja auch erzählen könnte, wenn ich wieder zu Hause bin, aber ich schreibe es Euch lieber, weil das gegen Langeweile und Heimweh gut ist.

Mit Grete, der Verwandten von Frau Ehlert, bin ich am vergangenen Sonntag mit dem Fahrrad von Gollnow aus bis an die Oder gefahren. In weiter Ferne konnte man da oderaufwärts bis nach Stettin gucken. Wir hatten schönes Wetter und gute Sicht. Wir waren übrigens nicht allein mit den Fahrrädern unterwegs. Drei Jungen aus der Umgebung sind mitgefahren. Ich glaube, die haben sich für mich interessiert. Herr Ehlert muss wohl zu einem von ihnen gesagt haben: ›Die Johanna kommt aus der Stadt, aber die ist sich nicht zu schade zum Arbeiten. Schaut sie euch mal an! Die ist für einen Hof als Bäuerin gar nicht schlecht geeignet.‹ Reinhard, einer der drei hat mir das erzählt. Er hat mich gefragt, ob ich wirklich früher auf einem Bauernhof gelebt habe und ob ich mir vorstellen könnte, das wieder zu tun. Ich habe nur gelacht und gesagt, dass ich das alles noch nicht wüsste.

Herr und Frau Ehlert haben mich auch gefragt, ob ich nicht Lust hätte, mein Pflichtjahr bei ihnen auf dem Hof zu machen. Sie sind ja alle sehr nett zu mir, aber ein ganzes Jahr so weit von Euch weg zu sein, das würde ich nicht überleben. Da würde ich vor Heimweh ganz elend werden. Ich soll es mir überlegen, meinen sie. Aber ich finde, da gibt es nichts zu überlegen. Ich möchte bei Euch in der Nähe bleiben.

Onkel Tönnies hat Grete und mir einen Streich gespielt. Er hat zu uns gesagt: ›Ihr Mäkens wollt doch immer schöne glatte Haut haben. Da gibt es nichts Besseres als frische Molke. Damit müsst ihr euch jeden Tag das Gesicht betupfen. Ihr werdet sehen, eure Haut wird zart und glatt.‹

Eigentlich hätten wir das gar nicht gebraucht, aber wir haben es ausprobiert. Nach ein paar Tagen habe ich Ausschlag bekommen. Meine Haut hat sich geschält. Grete ist es genauso gegangen. Ich habe Onkel Tönnies gefragt, ob das wirklich stimmt mit der Molke. Da hat er gelacht und gesagt, ja, von der Molke würde sich die Haut ablösen, aber dann würde sich neue zarte Haut bilden. Und das hätte er doch versprochen, nämlich dass wir zarte Haut bekämen. Eigentlich hat er ja Recht, aber eine kleine Strafe soll er doch dafür bekommen, dass er uns so hereingelegt hat. Grete hat vorgeschlagen, ihm am nächsten Sonntag Brennesseln unter das Bettlaken zu legen, die ihn piek-sen sollen.

Ich freue mich riesig auf Euch. Viele Grüße und Küsse, Eure Johanna.«

Schulentlassung

»Das Zeugnis ist ja wunderschön«, sagt Johanna zu ihrer Freundin Hilde. Die nickt. »Du hast Recht«, bestätigt sie.

Beide Mädchen haben in der letzten offiziellen Schulstunde ihres Lebens ihre Abgangszeugnisse erhalten. Sie schauen aber nicht so sehr auf die Noten, sondern auf das Zeugnisformular. »Ein Volk, ein Reich, ein Führer«, steht oben drüber. Und dann ist da ein Adler abgebildet, der in seinen Fängen einen Kranz hält mit einem Hakenkreuz mittendrin.

»Ein Volk, ein Reich, ein Führer … Richtig, jetzt hat sich ja auch Österreich an Deutschland angeschlossen«, meint Johanna.

»Das heißt doch gar nicht mehr Österreich, sondern Ostmark«, verbessert Hilde.

»Der Führer stammt aus Österreich«, fährt Johanna unbeirrt fort. »Da ist er sicherlich froh, dass seine Heimat nun mit Deutschland vereinigt ist. Jetzt wohnen alle Deutschen in einem Land.«

»Na ja, so ganz stimmt das aber nicht. Hast du die Sudetendeutschen vergessen? Die werden von den Tschechen beherrscht. Und das Elsaß? Dort sprechen die Menschen auch Deutsch und gehören zu Frankreich. Und in Eupen und Malmedy wohnen auch Deutsche, die gehören seit dem Versailler Vertrag zu Belgien. Und dann gibt es noch das Memelland, wo auch Deutsche sind. Das Memelland hat sich Litauen nach dem Krieg genommen.« Hilde bekommt vor Eifer ganz rote Wangen.

»Man merkt, dass Geschichte und Staatsbürgerkunde deine Lieblingsfächer sind. Da hast du wirklich gut aufgepasst«, meint Johanna. »Eigentlich hast du nur die Schweiz vergessen, wo auch noch Leute leben, die Deutsch sprechen.«

»Na ja, Schweizerdeutsch!«

»Was willst du denn jetzt tun, wenn du nicht mehr zur Schule musst?« Johanna wechselt das Thema.

»Ach, das weiß ich noch nicht. Um einen Beruf zu lernen, ist es sowieso noch zu früh. Erst müssen wir ja das Pflichtjahr hinter uns bringen.«

»Und danach kommt der Arbeitsdienst.«

»Hast du schon eine Ahnung, was du machen wirst?«

»Meine Eltern meinen, ich solle die Zeit nutzen und etwas lernen. Mutter hat eine schöne Nähmaschine, auf der ich nähen lernen soll. Und Vater meint, es könne auch nicht schaden, wenn ich Stenografie und Schreibmaschine lerne. Vielleicht will er mich mal in seiner Firma im Büro anstellen.«

»Puuh, da fängst du ja schon wieder an zu lernen. Ich bin froh, dass ich endlich die Schule hinter mir habe. Mich bringen keine zehn Pferde mehr in eine Schule oder einen Kurs oder sonst etwas.«

»Na, aber Hilde, so schlimm war es doch gar nicht in der Schule, oder?«

»Nein, bei Herrn Zimmermann ließ es sich aushalten. Und du warst doch sowieso sein Liebling.«

»Wie kommst du denn darauf?«

»Na, er hat heute noch bei der Übergabe der Zeugnisse gesagt: ›Johanna, so Mädchen wie dich möchten wir am liebsten immer hier behalten.‹«

»Vielleicht hat er damit ja gemeint, dass ich nachmittags die Schule putzen soll!«

»Quatsch!«

Bald muss Johanna sich entscheiden, wo sie das Pflichtjahr absolvieren will.

»Mache ich später auch ein Pflichtjahr?«, will Heinrich wissen.

»Nein, das ist nur für Mädchen eingerichtet«, antwortet Johanna.

»Aber es heißt doch eigentlich Landjahr.«

»Ja, man nennt es auch Landjahr. Jedes Mädchen, das aus der Schule gekommen ist, soll irgendwo bei einer Familie im Haushalt helfen.«

»Dann könntest du doch bei Mutter zu Hause bleiben und hier helfen. Sie hat genug zu tun!«

»Nein, Heinrich, in der eigenen Familie geht das nicht. Der Sinn der Sache ist nämlich ein anderer. Du weißt doch, dass jede gute deutsche Frau vier Kinder haben soll, dann bekommt sie das Mütterkreuz. Aber wer vier Kinder hat, der hat auch viel Arbeit. Deswegen sollen die Pflichtjahrmädchen zum Beispiel diese Mütter unterstützen.«

»Ach so …«

»Weißt du, das ist gar nicht schlecht. Da lernt man gleich etwas für sein späteres Leben, wenn man selbst Kinder hat.«

»Willst du denn auch eine gute deutsche Frau sein?«

»Ja, aber selbstverständlich!«

»Und dann willst du auch vier Kinder haben?«

»Na klar! Mindestens.«

»Puh, da muss ich aber für viele Neffen und Nichten Geschenke kaufen. Wie gut, dass es noch nicht so weit ist.«

»Woher willst du das denn wissen?«

»Hast du am Ende schon einen Auserwählten?«

»Jetzt reicht's aber!« Gegen so viel Neugier hilft nur ein kräftiges Durchkitzeln. Johanna schnappt sich den kleinen Bruder.

«Untersteh dich!«, schreit der und setzt sich zur Wehr, indem er zurück kitzelt. Die beiden balgen fröhlich herum, bis Mutter plötzlich zur Tür hereinkommt und Ruhe gebietet. Aber heute fruchtet das nichts, und auf einmal ist Mutter mitten in die Kitzelei verwickelt.

Brief nach Erfurt

Liebes Urselchen in Erfurt,

danke für Deinen lieben Brief, der mich schon vorige Woche erreicht hat. Du hast mir schon fast befohlen, ich solle Dir ausführlich schreiben, was ich nun alles zu tun habe. Wie ich schon sagte: Die Zeit ohne große Pflichten ist herrlich. Du Ärmste musst ja noch weiterhin die Schulbank drücken, aber du hast es so gewollt ...

Zweimal in der Woche gehe ich nachmittags zum Nähkurs, und das macht mir sehr viel Spaß. Als Probearbeit wollen wir erst einmal ein Kopfkissen nähen. Doch zuallererst lernen wir, wie die Maschine zu bedienen ist: Unten muss man gleichmäßig treten und oben auf den Stoff, die Nadel und den Faden achten. Am Anfang dachte ich, das ist zu viel auf einmal, aber es geht. Den Stoff soll man mit der linken Hand einlegen, damit man mit der rechten das Schwungrad drehen oder den Rückwärtslauf einschalten kann. Na ja, was jammere ich Dir da vor ... inzwischen bekomme ich es ganz gut hin. Meine Mutter hat ein Hemd meines Vaters aussortiert, das er nicht mehr tragen kann. Stell dir vor, aus diesem alten Oberhemd habe ich mir eine Bluse genäht. Sie ist todschick geworden. Die verschlissenen Teile an den Ärmeln habe ich natürlich nicht wieder verwendet.

Viermal pro Woche gehe ich abends außerdem noch zum Kurs für Stenografie und Schreibmaschine. Jeden Tag übe ich auf der Schreibmaschine meines Vaters – aber die ist ziemlich alt, und man muss kräftig auf die Tasten schlagen, damit der Buchstabe überhaupt zu lesen ist. Ich habe schon richtig Hornhaut auf die Fingerkuppen bekommen!

Zweimal in der Woche koche ich für die ganze Familie und auch für die beiden Kraftfahrer meines Vaters, die in unserer Firma beschäftigt sind. Meine Mutter leitet mich dabei an, so dass ich keine Angst haben muss, es könnte etwas schief gehen. Aber auch das macht mir Spaß. Ich glaube, ich werde mal eine gute Haufrau.

Du siehst, auch ohne Schule gibt es genug zu tun. Übrigens, Dein Brief kam gerade, als das Münchner Abkommen zwischen Daladier, Mussolini, Chamberlain und Ribbentrop geschlossen wurde. Jetzt gehören auch die Deutschen aus dem Sudetenland endlich zum Deutschen Reich, wofür sie sich schon 1919 in der Volksabstimmung entschieden hatten. Ich finde es beeindruckend, wie sich unser Großdeutsches Reich in der Welt behauptet. Es ist schon etwas Besonderes, in einer solch außergewöhnlichen Zeit zu leben, findest Du nicht auch?

Wann wirst Du Dein Abitur machen? Und willst Du ernsthaft studieren? Überlege es Dir gut. Ich kann mir nicht vorstellen, als blaustrümpfige, vertrocknete Gelehrte durch die Welt zu rennen. Ich möchte Kinder und eine Familie haben. Aber ich glaube, das willst Du auch.

Denkst du auch noch manchmal an den Abend am Feuer im Jugendlager, als wir uns kennen lernten? Weißt Du noch, wie mein Stockbrot ins Feuer fiel und wie Du Dein Brot mit mir geteilt hast? Das fand ich einfach großartig von Dir!

Bitte, liebes Urselchen, schreib mir, was es in Erfurt bei Dir daheim Neues gibt.

Es grüßt Dich herzlich Deine Johanna.

Im Pflichtjahr

»Ich heiße Sie herzlich willkommen bei uns, Johanna.« Frau Helmscheid, eine kräftige Mittfünfzigerin, schüttelt dem unsicher um sich blickenden Mädchen die Hand.

Johanna hat entschieden, nicht wieder nach Pommern auf den Ehlert'schen Hof zu gehen, sondern das Pflichtjahr in der Heimat zu absolvieren. Schließlich will sie den Nähkurs und den Schreibmaschinenkurs fortsetzen. Kürzlich ist ihr mitgeteilt worden, dass sie zum nächsten Ersten der Familie Helmscheid als Pflichtjahrmädchen zugewiesen worden sei. Herr Helmscheid hat ein Installationsunternehmen.

Johanna späht vorsichtig nach den vielen Kindern aus. Wo die nur stecken? Zuletzt hält sie es nicht mehr aus. »Wo sind denn Ihre Kinder, Frau Helmscheid?«

»Kinder?« Frau Helmscheid lacht. »Ich habe einen Sohn und eine Tochter. Aber die sind schon groß. Sie arbeiten beide schon mit im Geschäft meines Mannes ...«

»Aber ...«

»Ach, weil Sie in unserem Haus Ihr Pflichtjahr machen sollen? Nun, das hat den Grund, dass ich meinem Mann viel bei der Buchführung im Geschäft helfen muss. Da kann ich ein Pflichtjahrmädchen gut gebrauchen, das der Haushaltshilfe zur Hand geht.«

»Und Sie haben gar keine kleinen Kinder mehr?«

»Aber nein, wo soll ich in meinem Alter noch kleine Kinder herbekommen?«

»Es ist ja nur ... Ich dachte, ... die Pflichtjahrmädchen werden zu Familien geschickt, wo es viele kleine Kinder gibt.«

»Das ist schon richtig, mein Fräulein. Aber ... Sie sehen ja, es gibt auch Ausnahmen. Man hat so seine Beziehungen!«

Johanna schluckt. Sie schaut wohl etwas unglücklich drein, denn Frau Helmscheid tröstet sie: »Allen Mädchen hat es bisher gut bei uns gefallen. Überarbeiten brauchen Sie sich bestimmt nicht, und pünktlich um 16.00 Uhr können Sie jeden Tag nach Hause gehen.«

Johanna nickt erleichtert. »Da bin ich aber froh. Wissen Sie, ich habe Kurse in der Abendschule belegt. Da ist es gut, wenn ich vorher noch Zeit zum Üben habe.«

»Da bin ich aber neugierig. Was lernen Sie denn in der Abendschule?«

»Schreibmaschine und Stenografie.«

»Sehr vernünftig, Fräulein Johanna. Ich wäre froh, wenn ich es auch ...«

»Babett, koch Kaffee!«, klingt es plötzlich schrill aus dem Nebenzimmer. Johanna zuckt zusammen.

Frau Helmscheid lacht. »Das ist die Lora, unser Papagei. Sie macht mich so gerne nach.« Und wie zur Bestätigung befiehlt Lora noch einmal unmissverständlich: »Babett, koch Kaffee!«

Frau Helmscheid öffnet die Tür zum Nebenzimmer, das wie ein kleines Wohnzimmer eingerichtet ist. »Sehen Sie, hier im Salon steht Loras Käfig.«

Johanna tritt etwas näher an den großen Vogelbauer heran. Lora, ein prächtiges, buntes Tier, legt den Kopf schief und beäugt Johanna kritisch.

»Schau nur, Lorchen«, redet Frau Helmscheid den Papagei an, »das ist Fräulein Johanna. Sie wird ein Jahr lang bei uns bleiben.«

Lora legt den Kopf auf die andere Seite und schaut Johanna aus einem Auge an. Noch einmal krächzt sie zufrieden: »Babett, koch Kaffee!«

Bald darauf lernt Johanna Babett kennen. Sie ist eine ältere Frau, die schon bei Frau Helmscheids Schwiegereltern im Haushalt geholfen hat.

»Gehen Sie unserer Babett zur Hand, Fräulein Johanna«,

sagt Frau Helmscheid, »bei uns gibt es genug zu tun« – und sie zwinkert Johanna zu.

Babett, die von allen im Haus nur mit »Du« angeredet wird, ist nicht sehr gesprächig. Johanna merkt bald, dass ihre eigene Anwesenheit in diesem Hause sinnvoll ist, denn Babett ist nicht nur von schlichtem Verstand, sondern auch von großer Langsamkeit.

»Also, das will ich der sage, ich bin die Babett. Und du brauchst net Frollein zu mir zu sage. Ich nenn dich aach net Frollein. Un jetz loss uns die Bette mache.«

Viel einfacher kann die Begrüßung an der neuen Stelle nicht ausfallen.

Die Arbeit macht Johanna Spaß. Da sie bei ihrer Mutter schon vieles gelernt hat, was im Alltag eines Haushalts zu tun ist, findet sie sich schnell in die neue Arbeit.

Beim Mittagessen lernt sie auch Herrn Helmscheid selbst sowie den Sohn und die Tochter kennen. Herr Helmscheid sieht abgearbeitet und krank aus, aber er begrüßt sie freundlich.

»Meine Frau hat mir schon erzählt, dass Sie sich abends weiterbilden und Schreibmaschine lernen.«

»Na, dann können Sie nach dem Pflichtjahr gleich bei uns in der Firma anfangen«, neckt sie der etwa fünfundzwanzig Jahre alte Sohn. Er hat rotbraune, lockige Haare und viele Sommersprossen, fast wie ihre Freundin Hilde. Immer wieder zwinkert er Johanna zu.

»Was denkt der eigentlich von mir?«, wundert sie sich. »Hält der mich für ein Schulmädchen?«

Nach ein paar Wochen weiß Johanna über die Verhältnisse im Haus bestens Bescheid. Sie hat es wirklich gut getroffen, alle sind nett zu ihr. Auch mit Babett kommt sie klar, obwohl die ihre »Haken und Ösen« hat. Mit dem jungen Herrn Helmscheid ist Johanna schon ziemlich bald aneinander geraten. Er hat nämlich versucht, ihr die Wange zu tätscheln, worauf sie ihm fest auf die Hand geschlagen hat. »Für wen halten Sie mich?«, hat sie dabei gefaucht, so dass er zurückgeschreckt ist.

»Für eine entzückende junge Frau«, hat er geantwortet, worauf sie ihm dann deutlich zu verstehen gegeben hat: »Das bleibt Ihnen unbenommen, aber es gibt Ihnen kein Recht, mich einfach anzufassen!«

»Hab's ja nicht so gemeint!«

»Dann unterlassen Sie bitte solche Annäherungen! Ich müsste es sonst Ihrer Mutter erzählen.«

»Ach bitte, die braucht das doch nicht zu erfahren.«

Sie muss es aber doch irgendwie erfahren haben, denn Johanna bekommt einige Tage später zufällig ein Gespräch zwischen Frau Helmscheid und ihrer Tochter mit. Es geht ganz offensichtlich um den Sohn der Familie.

»Der Neuen schleicht er ja auch schon wieder nach.«

»Er kann es einfach nicht lassen. Das muss ein Ende haben. Ich wäre froh, wenn er endlich eine Frau fände. Alt genug ist er ja dazu.«

»Ich hätte auch nichts dagegen, wenn er sich so ein junges Ding aus dem Pflichtjahr nähme. Hier diese Johanna ist anstellig und fleißig. Vielleicht wäre die was für ihn …«

Johanna flüchtet. »Nein«, denkt sie, »bloß das nicht. Dazu müsste ich ihn doch wenigstens ein bisschen lieb haben. Und er müsste mir gefallen.«

Dass in der Familie niemand vor dem Essen betet, ist auch so ein Punkt, der ihr nicht gefällt. Sie hat gleich zu Anfang erklärt, dass sie vor dem gemeinsamen Mittagessen beten wolle, denn sie könne nicht anders, als Gott für die guten Gaben zu danken.

Mit Babett ist es schwieriger. Die hat einen sturen Kopf, wobei sich die Sturheit hauptsächlich darin äußert, dass sie abergläubische Vorstellungen hat und Handlungen vornimmt, zu denen sie auch Johanna überreden will. Auf der Schwelle zu ihrem Zimmer ist zum Beispiel ein Pentagramm aufgemalt, ein fünfstrahliger Stern.

»Wenn de mei Zimmer putze sollst, derfst de de Druidefuß net wegwische. Das gibt e groß Uugleck«, schärft sie ihr ein.

»Wozu soll das Zeichen denn gut sein?«, will Johanna wissen.

»Das is mei Sach! Der vertreibt die böse Geister.«

»Glaubst du wirklich daran, Babett?«

»Ei was dann? Was hat mich der schon oft beschitzt!«

»Das ist doch Unsinn, Babett! Ein paar Striche auf dem Boden, die beschützen doch niemanden. Weißt du denn nicht, dass Gott unser einziger Schutz sein will? Solche Zaubereidinge hat er uns in der Bibel verboten.«

»Des is ja auch kei Zauberei, des ist eifach mei Schutz.«

Babett hat auf dem Nachttisch ein Hufeisen liegen, am Fenster ist ein Kreuz. Sie erklärt ihr, dass fliegende böse Geister davor zurückschrecken. Der fünfstrahlige Stern auf der Türschwelle verhindere dagegen, dass böse Geister zu Fuß in ihr Zimmer kämen. Die übrigen Gegenstände wie Glücksschweinchen und Schornsteinfegermaskottchen, so erzählt Babett, vertrieben zwar keine bösen Geister, aber sie brächten ihr trotzdem Glück.

»Wann der emal e schwarz Katz ibber de Weg läuft, Johanna, dann derfste net weitergehe. Dann musste zehn Minute warte, weil dann de böse Bann gebroche is.«

»Aber Babett, wenn das nun morgens auf dem Weg hierher passiert, dann komme ich ja zu spät zur Arbeit.«

»Des macht nix. Da dafier hab ich Verständnis. Besser zehn Minute ze spät, als de ganze Dach Uugleck habe.«

»Also Babett, weißt du was? Du tust mir riesig Leid!«

»Ich soll der Leid tue? Warum dann, Johannache?«

»Denk doch einmal nach, Babett! Mit diesen Gegenständen

willst du dich schützen? Dabei weißt du doch, dass das nur Holz und Stoff und Eisen oder Porzellan ist. Das kann dir doch nicht helfen.«

»Besser als gar nichts.«

»Ich habe etwas viel Besseres. Ich bete jeden Morgen zu Gott und seinem Sohn Jesus und bitte ihn um seinen Schutz. Dann brauche ich mir um fliegende oder zu Fuß gehende Geister oder schwarze Katzen keine Gedanken zu machen.«

»Aber das hilft auch nicht immer.«

»Weißt du, Gott hat in der Bibel niemals versprochen, dass er seine Leute vor jedem Unfall und allem Leid bewahren will. Trotzdem weiß ich mich in seiner Hand.«

»Ach, das sinn so Sprüch!«

»Weil du gerade ›Sprüch‹ sagst: Da fällt mir ein Spruch ein, den meine Mutter oft gesagt hat. ›Es kann uns nichts geschehen, als was Er hat ersehen.‹«

»Ach, das mit dem Bete is mer zu unsicher. Ich verlosse mich lieber uff die Sache, die ich sehe kann.«

»Babett, koch Kaffee!«, ruft Lora.

»Noja, Kaffee brauche mer jetzt wohl net ze koche, aber es is Zeit, dass mer Kartoffele schäle.«

Einige Tage später kommt Johanna morgens zur Arbeit und findet das Haus in großer Aufregung und Trauer vor. Frau Helmscheid kann nicht mit ihr sprechen. Die Tochter erzählt weinend, dass in der Nacht Herr Helmscheid gestorben ist. Am Abend sei es ihm plötzlich übel geworden, man habe den Arzt gerufen, der wiederum habe ihn ins Krankenhaus einliefern lassen, wo er noch in der Nacht gestorben sei.

Die Tochter möchte Johanna wieder nach Hause schicken, aber Johanna bittet darum, bleiben zu dürfen, weil sie glaubt, dass sie gebraucht wird. Und sie hat sich nicht getäuscht. Babett ist völlig konfus, läuft ziel- und sinnlos im Haus umher und kann keinerlei Arbeit verrichten. Johanna bereitet ein kleines Frühstück für die Familie, macht die Betten, hilft Frau Helmscheid bei der Beschaffung von Trauerkleidung.

Nach der Beerdigung tritt allmählich Ruhe im Haus ein. Etwa vierzehn Tage später bittet Frau Helmscheid Johanna zu einem Gespräch.

»Unsere Firma wird sich drastisch verkleinern. Meine Tochter, die ja bald heiraten wollte, wird sich nun aus allem zurückziehen; nur mein Sohn wird einzeln weiter arbeiten. Die beiden Gesellen und den Lehrling müssen wir entlassen. Und so brauchen wir Sie eigentlich nicht mehr, Fräulein Johanna.

Weil ich aber nicht möchte, dass Sie ihr Pflichtjahr abbrechen, habe ich mich für Sie umgesehen. Sie können ab dem nächsten Ersten in dem benachbarten Lebensmittelladen, bei Grashoff arbeiten, bis Sie ihr Pflichtjahr erfüllt haben. Das erspart mir und Ihnen eine Menge Ärger, wenn Sie unter der Hand dort weiter arbeiten. Sie brauchen die Unterbrechung gar nicht erst zu melden.«

»Ich will das mit meinen Eltern besprechen, Frau Helmscheid.«

»Sie wissen, dass ich Sie gerne bei uns hatte. Sie waren angenehm im Haus. Aber es geht einfach nicht mehr. Auch finanziell nicht.«

Johanna ist einverstanden, weil auch die Eltern einverstanden sind. »Babett, koch Kaffee!« ist so ziemlich das Letzte, was sie aus dem Haus hört, in dem sie einige Monate gearbeitet hat.

Im Lebensmittelgeschäft gefällt es ihr ebenfalls. Mutter hat ja so oft von dem Lebensmittelladen ihrer Eltern erzählt. Da macht es richtig Spaß, nun auch mal in einem solchen Laden zu wirken. Allerdings – und das tut ihr wirklich sehr Leid – kann sie die Abendkurse nun nicht mehr besuchen.

Pünktlich morgens um acht Uhr beginnt der Dienst. Als

Pflichtjahrmädchen hätte sie nachmittags um vier Feierabend, aber daran denkt hier niemand. Der Geschäftsführer trägt ihr ständig irgendwelche Arbeiten auf. Um sieben Uhr schließt das Geschäft. Vorher muss Johanna schon mit dem Putzen des Bodens, dem Säubern der Wurstschneidemaschine, mit dem Scheuern der Theke beginnen, aber oft kommt sie erst gegen acht aus dem Laden.

»Das ist das reine Ausnutzen, was man dort mit dir macht«, sagt Mutter eines Abends zu Johanna. »Du hast dich in letzter Zeit so abgerackert, dass du wieder ganz dünn geworden bist. Ich lasse das nicht zu.«

Am nächsten Morgen ist Mutter noch vor dem ersten Kunden im Laden. Johanna muss draußen warten, sie geht nicht mit ins Kontor, in dem das Gespräch zwischen dem Geschäftsführer und ihrer Mutter stattfindet.

»Er hat versprochen, dass es besser werden soll«, erklärt die Mutter ihrer Tochter beim Gehen. Und tatsächlich, in dieser Woche darf Johanna pünktlich um vier Feierabend machen. Doch dann kommt der 1. September.

Schon morgens früh hört es die Familie im Radio: In der vergangenen Nacht hätten polnische Soldaten Übergriffe auf deutsches Gebiet vorgenommen. Dies sei eine unverschämte Provokation, die nicht hingenommen werden könne. So wird im Radio gemeldet. Der Führer habe deswegen den Befehl gegeben, zurückzuschießen und in Polen einzumarschieren.

Johanna ist erschrocken. »Jetzt haben wir richtig Krieg … Krieg mit Polen … Was geschieht, wenn die Franzosen den Polen helfen? Schließlich haben die ein Bündnis miteinander.«

»Ach«, versucht Heinrich sie zu beruhigen, »die Franzosen werden sich doch wegen Polen keine blutigen Nasen holen wollen.«

»Das dauert nicht lange«, meint auch der Vater, und die

Mutter sagt sorgenvoll: »Schon wieder Krieg! Ich wollte doch keinen Krieg mehr erleben … Wie soll das bloß ausgehen?«

»Aber Mutter«, gibt Heinrich zu bedenken, »sollen denn unsere Feinde machen dürfen, was sie wollen? Du weißt doch auch, dass wir Deutschen von Feinden umgeben sind. Wer nachgiebig ist, zeigt seine Schwäche.«

»Ja«, pflichtet Johanna bei, »wenn sie uns angegriffen haben, dann müssen wir uns wohl wehren. Der Führer wird doch wissen, was richtig ist.«

»Hoffentlich geht alles gut ab.«

Im Lebensmittelladen Grashoff sind alle Versprechen hinsichtlich der Arbeitszeit von Johanna vergessen. Ein junger Mann muss sofort einrücken, so dass Johanna nun noch mehr als bisher hinter der Ladentheke stehen muss, um zu bedienen.

Und dann geht die Rationierung der Lebensmittel los. Niemand darf nun einfach einkaufen, was er mag. Die Grundnahrungsmittel wie Brot, Fleisch, Butter, Zucker, Mehl und verschiedenes andere sind nur noch mit Lebensmittelmarken zu haben. Für jeden Monat gibt es pro Person eine bestimmte Menge der rationierten Dinge. Mehr bekommt man einfach nicht.

Johanna ist es anfangs peinlich nachzufragen, ob eine Kundin auch genügend Lebensmittelmarken hat, wenn sie eine größere Menge einkaufen will. Aber dann verliert sie die Scheu. Vor dem Bezahlen werden die entsprechenden Marken von der Lebensmittelkarte abgeschnitten – dann erst werden die Kunden zur Kasse gebeten. Das ist alles mehr Arbeit und oft auch einfach lästig, aber – so muss Johanna zugeben – sehr sinnvoll. Andernfalls hätten sich manche Leute sicherlich große Vorräte zusammengekauft, und für weniger finanzkräftige Familien wäre nichts übrig geblieben. So werden alle Menschen gleich behandelt.

Manchmal fangen Kunden laut an zu schimpfen, aber dann

kommt gleich die Geschäftsinhaberin und redet beruhigend mit ihnen.

Inzwischen muss Johanna wieder bis abends um acht arbeiten. Die Geschäftsführung findet das offenbar in Ordnung. Schließlich ist Krieg. Ihre Mutter aber hält die Zeit für gekommen, energisch einzuschreiten.

»So geht das nicht weiter. Du bist ja dünn wie eine Fadennudel. In diesen Laden gehst du mir nicht mehr!« Mutter hat recht. Die Kleider schlottern Johanna am Leib herum, als hätten sie ihr niemals gepasst.

Die letzen beiden Monate ihres Pflichtjahres bleibt Johanna zu Hause. Sie beendet ihren Schreibmaschinenkurs erfolgreich, macht ihre Stenographie-Prüfung und schneidert sich in der Zwischenzeit aus Mutters altem Mantel einen neuen. In dem modernen Schnitt sieht sie »echt flott« aus, wie Heinrich anerkennend meint.

Richtig im Beruf

Als das Pflichtjahr auch offiziell herum ist, erhält Johanna einen Brief vom Arbeitsamt.

»Unseren Unterlagen gemäß haben Sie Ihr Pflichtjahr abgeleistet. Bitte melden Sie sich am kommenden Montag um 8.oo Uhr zur Beratung auf dem Arbeitsamt. Heil Hitler.«

Als Johanna in ihrem neuen Mantel aus Mutters altem Mantel auf dem Arbeitsamt erscheint, sind die Gänge vor den Zimmern mit jungen Leuten vollgestopft, die offensichtlich alle beraten werden sollen.

»Das kann ja schön lange dauern«, seufzt Johanna, aber es geht doch schneller, als sie befürchtet hat.

Der beratende Beamte, ein älterer, freundlicher Herr, horcht auf, als sie angibt, einen Schreibmaschinenkurs absolviert zu haben. Sie muss ihm ihr Zeugnis vorzeigen. Er schmunzelt. »Wir haben garantiert Verwendung für Sie«, sagt er. »Denn jetzt sind überall aus den Firmen junge Männer eingezogen worden. Da gibt es viele offene Stellen. Bis Sie zum Arbeitsdienst müssen, können Sie auf einem Büro arbeiten.«

Er gibt Johanna gleich einige Anschriften mit. Sie soll sich umgehend dort vorstellen.

Noch am gleichen Vormittag macht Johanna sich auf den Weg zu der Firma, die dem Arbeitsamt am nächsten liegt.

Als sie dem Chef, einem sehr gut gekleideten, streng blickenden Herrn gegenübersteht, klopft ihr das Herz bis zum Hals. »Können Sie ein Diktat aufnehmen?«, fragt er nicht besonders freundlich. »Ich habe einen Stenographiekurs besucht«, antwortet sie ausweichend.

»Na, dann setzen Sie sich doch mal dort drüben an den Schreibtisch und schreiben Sie!« Und sogleich legt er los.

Johanna fliegen viele Fachwörter um den Kopf, die sie noch

nie gehört hat. Sie kommt beim Stenographieren nicht mit, was ihr ausgesprochen peinlich ist.

»Entschuldigen Sie bitte«, unterbricht sie ihn, »aber ganz so schnell bin ich noch nicht. Und mit den vielen langen Wörtern habe ich Schwierigkeiten.«

»So?«, fragt er ungehalten. »Warum hat das Arbeitsamt Sie denn geschickt, wenn Sie so schnell nicht sind?«

»Ich bin schließlich Anfängerin«, entschuldigt sich Johanna.

»Also, wissen Sie, wir werden Sie benachrichtigen, ob wir Sie brauchen können. Auf Wiedersehen.«

Johanna geht. Ein Kloß sitzt ihr im Hals. So hat sie sich das Berufsleben nicht vorgestellt. »Bei dem brauche ich wohl nicht auf Antwort zu warten … Der wird mich nicht einstellen«, denkt sie. »Und außerdem wollte ich ihn als Chef auch gar nicht haben.«

Die nächste Anschrift ist die Kraftfahrzeugschätzungsstelle.

Als Johanna an einem der nächsten Abende nach Hause kommt, überfällt Heinrich sie mit vielen Fragen. »Erzähl mal ganz genau, was das ist: Kraftfahrzeugschätzungsstelle. Was musst du da machen?«

»Eigentlich heißt es ›Deutsche Automobil Treuhand Schätzungsstelle‹, abgekürzt DAT-Schätzungsstelle«, erklärt sie ihm.

»Und was hat solch eine Schätzungsstelle für eine Aufgabe?«, fragt Heinrich spöttisch.

»Oh, die ist sehr wichtig. Wenn jemand ein Auto verkaufen möchte, dann muss er damit zur Schätzungsstelle kommen.«

»Wieso? Ist das denn ein Verkaufsmarkt für Autos.«

»Nein, ganz anders. In der Treuhandstelle arbeiten viele Ingenieure. Jedes Auto, das verkauft werden soll, wird von einem Ingenieur gründlich untersucht. Er hat eine lange Liste mit vielen einzelnen Punkten, auf die er achten muss. Er untersucht das ganze Auto und trägt auf einer Liste ein, ob das Auto Mängel hat oder ob es völlig in Ordnung ist.«

»Und die Liste bekommt dann der Käufer …«

»Nein. Der Ingenieur legt anhand der Liste den Kaufpreis für das Auto fest.«

»Dann kann der Besitzer des Autos den Preis von sich aus gar nicht festlegen?«

»Nein, dazu ist die DAT-Schätzungsstelle da.«

»Das ist eigentlich ganz praktisch. Dann kann man sicher sein, dass man nicht übers Ohr gehauen wird!«

»Genau darum geht es, Bruderherz!«

»Und das ist umsonst?«

»Nein, wo denkst du hin! Wer sein Auto schätzen lässt, muss dafür eine Gebühr bezahlen. Die Ingenieure müssen doch entlohnt werden.«

»Und was machst du in der Schätzungsstelle? Du verstehst doch gar nichts von Autos …«

»Ein Angestellter wurde eingezogen, und deswegen musste ich sofort nachrücken. Meine Aufgabe ist es, die Listen mit den Mängeln an den Autos sauber abzutippen und alles noch einmal nachzurechnen. Und dann muss ich die zugehörige Urkunde ausstellen.«

»Urkunde? Das klingt aber gewaltig.«

»Nur mit der Urkunde kann ein Auto verkauft werden.«

»Sehe ich das richtig, Schwesterlein, wenn du die Urkunden nicht tippst, dann geht gar nichts mit dem Autokauf in Deutschland?«

»Jetzt übertreib mal nicht … In allen größeren Städten gibt es eine solche Schätzungsstelle – ich bin nur für den Raum Duisburg und den Niederrhein zuständig. Aber ich muss jeden Abend die Abrechnungen fertigmachen und nach Berlin schicken. Dort ist die Hauptstelle, der Firmensitz sozusagen.«

»Und woher weißt du das jetzt alles?«

»Ich habe einen sehr netten alten Herrn als Vorgesetzten, der mir alles gut erklärt und mich eingearbeitet hat. Leider geht er bald in Rente. Aber er hat mich beim Arbeitsdienst zurückstellen lassen. Er hat dorthin gemeldet, dass ich nicht abkömmlich sei und deswegen nicht zum Arbeitsdienst brauche.«

»Na, das ist doch wirklich nett von ihm. Dann bleibst du uns ja noch eine Weile erhalten. Wer weiß, wo sie dich sonst hingesteckt hätten.«

Johanna verdient für ihre Verhältnisse gutes Geld. Nur, sie kann es nicht für sich selbst verwenden. Gleich zu Anfang hat Mutter mit ihr geredet und ihr reinen Wein eingeschenkt.

»Du bist nun kein Kind mehr, Johanna«, hat sie gesagt, »und deswegen will ich dir die Lage genau schildern. Vaters Geschäft geht mehr schlecht als recht. Er hat einige Fahrer eingestellt, die er bezahlen muss – aber dazu fehlt oft das nötige Geld.«

»Aber Vater fährt doch jetzt Baumaterial für den Westwall. Verdient er denn da kein Geld? Das ist doch eine gigantische Befestigungsanlage, die da an der französischen Grenze entstehen soll. Und die ist doch bestimmt noch lange nicht fertig ...«

»Ja, aber er verdient bei weitem nicht genug. Die Fahrer der beiden anderen Lastwagen fahren für andere Kunden, und darunter sind einige sehr säumige Zahler. Jetzt in den Kriegszeiten glauben manche, es mit dem Zahlen nicht so genau nehmen zu müssen. Letzten Freitag kamen die Frauen der Fahrer und wollten den Wochenlohn für ihre Männer abholen. Ich musste sie vertrösten, denn ich hatte selbst nichts.«

«Wir hatten kein Geld für die Fahrer und ihre Familien? Das ist ja unglaublich! Die haben doch kleine Kinder ...«

»Ja. Natürlich. Aber was soll ich denn machen, wenn ich kein Geld habe? Ich bin die ganze Woche lang bei säumigen Kunden gewesen und habe versucht, Geld zu bekommen. Ohne Erfolg.«

»Das heißt, die Leute bekommen in dieser Woche wieder nichts?«

»Ich habe einfach kein Geld.«

»Dann nimm bitte meinen Monatslohn. Davon kann wenigstens jeder einen Wochenlohn bekommen.«

Die Mutter räuspert sich. »Ich habe auch kein Geld mehr, um Lebensmittel zu kaufen. Lebensmittelmarken sind noch genug da, aber das Geld fehlt.«

»Es bleibt bestimmt noch etwas übrig von meinem Geld. Davon gehen wir morgen einkaufen.«

Hildes Pflichtjahr

Als Johanna eines Tages nach Hause kommt, liegt ein dicker, an sie adressierter Brief auf dem Tisch.

»Von Hilde«, murmelt sie und wundert sich sofort, denn das Schreiben langer Briefe ist noch nie Hildes Sache gewesen. Nach der Schulzeit haben sich die Mädchen nicht mehr gesehen. Deshalb macht der dicke Brief Johanna neugierig.

Vorsichtig schneidet sie den Umschlag auf und schüttet den Inhalt auf den Tisch. Als Erstes fällt ihr eine Verlobungsanzeige entgegen.

»Als Verlobte grüßen: Hilde Siegel und Manfred Bruns. Recklinghausen«, liest Johanna ungläubig staunend. Hildchen hat sich verlobt! Sie, die noch vor kurzem fest davon überzeugt war, wegen ihrer Sommersprossen niemals einen Mann zu bekommen!

Einige zusammengefaltete, eng beschriebene Papierbögen fallen ebenfalls aus dem Umschlag. Johanna sortiert sie und beginnt dann zu lesen.

»Liebe Johanna, wie Du siehst, kannst Du mir gratulieren.

Ich habe mich verlobt und werde sehr bald heiraten. Wie das alles so schnell gekommen ist? Das ist eine längere Geschichte. Ich schreibe sie Dir trotzdem auf, wenn ich auch etwas abkürzen muss … Weißt Du noch, als du im Schullandheim zu mir sagtest, ich würde vielleicht zuerst von uns allen heiraten? Du scheinst Recht behalten zu haben, denn wir müssen bald heiraten. Nein, nicht was Du denkst! Ich erwarte kein Kind, denn ich habe ja schon zwei … Aber jetzt schön der Reihe nach.

Zuerst sollte ich doch das Pflichtjahr bei uns in der Nachbarschaft bei einer kinderreichen Familie machen. Das wäre mir auch sehr recht gewesen, aber es kam anders. Zum Glück! Ich wurde zu Manfred hierher nach Recklinghausen geschickt. Manfred ist jetzt achtundzwanzig Jahre alt. Er war verheiratet und hat mit seiner Frau ein Töchterchen von drei Jahren und einen Sohn, der jetzt gut ein Jahr alt ist. Bei der Geburt des kleinen Siegfried ist Manfreds Frau leider gestorben. Manfred ist Bergmann und musste sich zuerst einmal Urlaub nehmen, um seinen kleinen Sohn und seine Tochter zu versorgen. Als er wieder arbeiten musste, holte er seine Mutter zu sich. Sie gab sich alle Mühe, aber sie ist selbst nicht gesund und war den beiden Kleinen nicht gewachsen. Deswegen schlug seine Mutter ihm vor, doch ein Pflichtjahrmädchen zu beantragen. Der Antrag wurde genehmigt. Warum aber gerade ich dann nach Recklinghausen geschickt wurde, das weiß ich nicht.

Anfangs fühlte ich mich dort gar nicht wohl. Frau Bruns war sehr froh über die Hilfe, die sie an mir hatte. Es dauerte gar nicht lange, da war ich für die viele Wäsche und das Essen verantwortlich, selbstverständlich hatte ich auch die Wohnung zu putzen.

Die kleine Edith lief bald von früh bis spät hinter mir her und wollte immer zu mir auf den Arm. Bald durfte nur noch ich sie füttern. Weißt Du, wie schön es ist, wenn kleine Patsch-händchen dich im Gesicht ungeschickt liebkosen, so dass es manchmal fast weh tut? Edith ist ein richtiger kleiner Gold-schatz. Ich habe sie sehr ins Herz geschlossen.

Mit Manfred, damals nannte ich ihn noch ›Herr Bruns‹, habe ich mich oft nachts abgewechselt, um den Kleinen zu versor-gen. Siegfried schläft unruhig, anscheinend träumt er viel. Dabei habe ich beobachtet, wie liebevoll Manfred mit dem Kleinen umging, dass er nie die Geduld verlor, auch nicht, wenn er den ganzen Tag schwer gearbeitet hatte. Das hat mich unge-mein für ihn eingenommen. Also, ja … ich habe mich halt in ihn verliebt. Er ist ja nur zehn Jahre älter als ich und sieht eigentlich jünger aus. Ich habe ihn das aber nicht merken lassen. Als dann Frau Bruns so krank wurde, dass sie nicht mehr helfen konnte, habe ich den ganzen Haushalt übernommen. Zwei kleine Kinder und ein Bergmann – die machen unheimlich viel schmutzige Wäsche! Aber als Bergmann bekommt Manfred viele Lebensmittelmarken, weil er so schwer arbeiten muss. Ich habe keine Schwierigkeiten, gutes Essen auf den Tisch zu brin-gen. Du glaubst ja nicht, wie schnell ein Tag herum ist. Abends bin ich meistens ziemlich müde.

Als ich dann auch samstags und sonntags nicht heimgefahren bin, hat Manfred mich gefragt, warum ich das alles tue. Ich habe ihm geantwortet, dass ich die Kinder sehr gern hätte und außer-dem bei meinen Eltern daheim unruhig wäre, ob hier in Recklinghausen auch alles in Ordnung sei. Da hat er mich ganz ungläubig angesehen. Du kannst Dir denken, wie es schließlich gekommen ist. Er hat mich gefragt, ob ich nicht seine Frau und den Kindern eine neue Mutter werden möchte. Ich muss ihm das anfangs nicht geglaubt haben, dass er es ernst meint. Ich habe ihn gefragt, ob er denn nicht gemerkt hätte, dass ich solche hässlichen Sommersprossen habe. Da hat er laut gelacht und mich geküsst, weil er die Sommersprossen richtig schön findet.

In ungefähr acht Wochen wollen wir heiraten. Kommst Du?
Du bist jedenfalls jetzt schon eingeladen.
Es grüßt Dich herzlich Deine Schulfreundin Hilde.«

Bomben auf das Ruhrgebiet

»Die englischen Kriegshetzer rüsten schamlos auf, um die Luftherrschaft über Deutschland zu erringen. Um ihr Vorhaben zu vereiteln, sind die um ihr Existenzrecht kämpfenden Deutschen ihnen am 14. und 15. November 1940 zuvor gekommen und haben eine ihrer führenden Industriestädte mit Namen Coventry zerstört.« So erklärt es Propagandaminister Dr. Goebbels im Rundfunk. Natürlich werden die Engländer so schnell nicht klein beigeben und nun ihrerseits Luftangriffe auf Deutschland vorbereiten.

»Bomben, Bomben auf Engeland!« Immer wieder tönt das Lied aus dem Radio. Die jungen Leute singen den Schlager auf der Straße. Man hat sich an den Krieg gewöhnt.

Überall werden nun Luftschutzräume eingerichtet. Für jeweils einige Häuser wird ein Blockwart bestimmt, der für die Schutzräume verantwortlich ist.

In jedem Haus wird ein Kellerraum ausgewählt, der mit dicken Holzbalken abgestützt wird. Die Balken sollen dafür sorgen, dass die Decke nicht einstürzt, wenn eine Bombe das Haus treffen sollte. Im Luftschutzraum sind einige Lebensmittelvorräte in Regalen untergebracht, es gibt dort auch Pritschen, Stühle und Bänke.

Was unbedingt auch noch gemacht werden muss: Zum Keller des Nachbarhauses sind Mauerdurchbrüche anzulegen, die nur mit einem halben Ziegelstein wieder zugemauert werden dürfen. Sollte also das Nachbarhaus von einer Bombe getroffen werden und sollten die Treppenabgänge verschüttet sein, dann wären die Bewohner im Luftschutzraum gefangen und könnten unter Umständen sogar ersticken. Deshalb also der Durchbruch, der leicht geöffnet werden kann.

Mit Macht werden nun in Duisburg überall Luftschutzbunker gebaut. Die größten Bunker entstehen unter den

Marktplätzen. Hier sollen Tausende von Menschen im Ernstfall Zuflucht suchen können. An den Ernstfall glaubt aber so recht niemand. Die deutschen Truppen stehen weit im Feindesland, alle Welt erzittert vor Hitler und seinen Deutschen. Da werden die Tommys, wie man die Engländer spöttisch nennt, sich hüten, die Deutschen ernsthaft zu erzürnen.

Immer wieder ertönt Probealarm, weil die schnell aufgestellten Sirenen auf ihre Tauglichkeit überprüft werden müssen. Es gibt ein Signal für Vorwarnung, wenn feindliche Flugzeuge über dem Kanal das Festland anfliegen. Sobald zu erkennen ist, welche Richtung sie einschlagen, gibt es Hauptalarm. Zuletzt gibt es noch die Entwarnung, einen langgezogenen Ton, wenn die feindlichen Flieger abgedreht haben. Das alles wird so oft geübt, bis die Bevölkerung die Signale »im Schlaf« kennt.

Eines Nachts ist es so weit. Fliegeralarm!

Mutter geht zum Schlafzimmer der Kinder und weckt Johanna, die aber von dem durchdringenden Ton der Sirene schon geweckt worden ist.

Heinrich wehrt sich gegen das Aufwachen. »Warum müssen die Engländer ausgerechnet nachts kommen und uns den Schlaf rauben? Können die nicht tagsüber kommen?«

»Damit unsere Flak sie schon von weitem sieht und gleich abschießt?«

»Was ist das, Flak?«

»Fliegerabwehrkanonen. Nachts kann die Flak die feindlichen Flugzeuge nur hören, nicht aber sehen.«

»Ich möchte nur wissen, wie die unsere Stadt in der Nacht überhaupt finden können. Wir haben doch alle Fenster verdunkelt, so dass kein Lichtschein nach draußen dringt. Wenn die ganze Stadt im Dunkeln liegt, dann kann man sie aus der Luft vielleicht gar nicht entdecken.«

»Kinder, nun beeilt euch mal mit dem Anziehen und kommt

mit nach unten!« Mutter hält einen Augenblick inne. »Sagt mal, ob Herr Heinroth, unser Untermieter, den Alarm nicht gehört hat. In seinem Zimmer regt sich gar nichts.«

Entschlossen reißt Mutter die Tür zu Herrn Heinroths Zimmer auf. Ob der Untermieter so einen festen Schlaf hat?

»Herr Heinroth, wir haben Bombenalarm!«, ruft Mutter recht laut, um ihn zu wecken.

Herr Heinroth knipst das Licht an. »Ich habe es gehört, Frau Schaumburg. Danke, dass Sie an mich denken, aber wissen Sie … Dieser Luftschutzraum, der eigentlich nur fünf Stufen in der Erde liegt, der schützt mich nicht. Da kann ich genauso gut hier in meinem warmen Bett bleiben. Wenn wir eine Bombe abbekommen, dann sind wir sowieso alle hin, gleichgültig, ob wir unten sitzen oder hier oben im Bett liegen.«

»Gut, dass die Kinder schon im Keller sind und das nicht gehört haben«, denkt die Mutter. »Sonst würden sie noch mehr Angst bekommen.« Sie betet: »Ich danke dir, Gott, dass du immer da bist. Ich befehle dir die Kinder und mich an und ebenso meinen Mann, der mit dem Wagen noch unterwegs ist. Wir stellen uns unter deinen Schutz. Amen.«

Als alle Hausbewohner außer Herrn Heinroth im Luftschutzraum sitzen, kommt der eigentliche Alarm. Richtig schaurig klingt das in der Nacht – so ganz anders als die Sirenenprobe bei hellem Sonnenschein …

Dann hört man den Motorenlärm der Flugzeuge näherkommen. In einiger Entfernung gibt es Detonationen. Die Flak beginnt zu schießen …

Nach ungefähr zwanzig Minuten hört der Flugzeuglärm auf, und noch einmal Minuten später kommt die Entwarnung. Jetzt kann man wieder ins Bett zurückkehren und schlafen – wenn man kann. Die Gefahr ist vorüber. Für diese Nacht jedenfalls.

Herr Heinroth lacht am nächsten Morgen: »Wie gut, dass ich gar nicht erst aufgestanden und nach unten gegangen bin!«

Bald gibt es mehrmals in der Woche Fliegeralarm. Schließlich jede Nacht – und manchmal sogar mehrmals in einer Nacht. Johanna fühlt sich total zermürbt von dieser allnächtlichen Tortur: aufstehen und in die Kleider schlüpfen, in den kalten Luftschutzraum gehen und dort die Entwarnung abwarten. Während des Bombenangriffs lauscht jeder ängstlich, wie nah oder wie weit die Einschläge wohl entfernt sind.

Eines Nachts gibt es eine Detonation ganz in der Nähe. Die Erschütterung des Bodens ist deutlich zu spüren. Gleich darauf beginnen die Nachbarn, den Kellerdurchbruch zu öffnen und durch das Loch zu kriechen.

Das übernächste Haus ist von einer Bombe getroffen worden. Zwar ist sie nicht bis in den Luftschutzraum durchgedrungen und hat auch niemanden getötet, aber durch die Erschütterung ist der Putz von den Wänden geplatzt und hat als feiner Staub den Bewohnern das Atmen fast unmöglich gemacht. Hustend kriechen die Nachbarn in den Luftschutzraum. Als die Entwarnung kommt, eilen alle auf die Straße, um sich den Schaden anzusehen. Das stattliche Gebäude ist bis zum Erdgeschoss zerstört.

Die Bewohner des zerstörten Hauses nächtigen bei ihren Nachbarn auf Pritschen. Morgen bei Tag wollen sie sehen, ob von ihrer Habe noch etwas zu retten ist.

Erneut Schule und Kindergeschrei

Liebes Urselchen in Erfurt,
während Du Dich auf Dein Abitur vorbereitest, besuche ich erneut die Schule und gleichzeitig den Kindergarten. Das klingt merkwürdig, aber ich will Dir gleich erklären, wie es dazu gekommen ist. Bei mir hat sich nämlich viel geändert.

Solange mein alter Chef die Dienststelle leitete, ging es mir gut. Obwohl ich mit ihm auch eine traurige Erfahrung machen musste, an der er aber ganz unschuldig war. Ich könnte mich heute noch selbst für meine Nachlässigkeit ohrfeigen, aber das ändert nun nichts mehr. Eines Tages musste er nach Wesel, um dort einen Lastkraftwagen zu schätzen. Ich sollte mitkommen, um dort gleich die Liste zu schreiben und die entsprechende Urkunde auszustellen.

Meine Eltern hatten mir einen hübschen Ring mit einem Stein geschenkt, der mir so gut gefiel, dass ich ihn sofort ansteckte. Bei meiner Arbeit konnte ich ja gut einen Fingerring tragen – und ein bisschen angeben wollte ich damit vielleicht auch. Auf der Fahrt nach Wesel machten wir unterwegs Rast zu einer Kaffeepause. Auf der Toilette wollte ich mir die Hände waschen. Leider gab es dort nur Kriegsseife mit Scheuersand darin. Ich hatte Angst, mir den Stein damit zu zerkratzen, also zog ihn aus und legte ihn an den Beckenrand.

Noch während ich mir die Hände wusch, klopfte der Chef an die Tür und mahnte zur Eile. Ich beeilte mich natürlich und – Du ahnst es – ließ den Ring liegen. Erst unterwegs merkte ich, dass ich ihn nicht am Finger stecken hatte. Mein Chef bekam nun auch Gewissensbisse, weil er mich angetrieben hatte. Wir telefonierten mit dem Gasthaus, in dem wir gerastet hatten, aber der Ring lag nicht mehr am Waschbecken. Irgendein Finder wird sich jetzt daran freuen. Du siehst, Eitelkeit wird bestraft …

Doch genug davon. Viel unerfreulicher ist die Sache, die ich dann erlebte. Nachdem der alte Chef gegangen war, kam sein Nachfolger, ein Mann mittleren Alters. Er kannte sich in Bürodingen überhaupt nicht aus und war froh, dass ich die Abwicklung der schriftlichen Abläufe beherrschte. Am Anfang war er auch sehr nett zu mir. Doch dann nahm die Arbeit zu, denn viele Privatautos wurden für den Krieg gebraucht und

eingezogen. Der Staat wollte die Besitzer angemessen ent-
schädigen und ließ von jedem Wagen ein Gutachten anfertigen.
Der neue Chef stellte deswegen seine eigene Tochter ein, die
etwas älter ist als ich. Ich arbeitete sie ein.

Die Tochter war anfangs sehr nett, aber dann wendete sich
das Blatt. Ich vermute, der Chef hatte Angst, wenn es weniger
Arbeit gäbe, würde er seine Tochter wieder entlassen müssen,
denn mir konnte er ohne weiteres nicht kündigen. Also wurde
ich schlecht behandelt, damit ich selbst kündigen sollte und er
die Stelle für seine Tochter sicher hätte. Ich wurde aus seinem
Zimmer ausquartiert in eine ungeheizte, zugige Nebenstube,
und seine Tochter kam auf meinen Platz. Nach einiger Zeit
wurde ich prompt krank. Wie Du Dir denken kannst, hatte ich
keine Lust mehr, unter diesen Bedingungen weiterhin zu
arbeiten. Ich konnte machen, was ich wollte, und wurde nur
kritisiert. Schließlich rieten meine Eltern zur Kündigung.

Ich habe aber schon etwas Neues im Auge: Ich will Kinder-
gärtnerin werden. Dazu soll ich die Abendschule besuchen, um
die mittlere Reife nachzuholen. Das schaffe ich gut. Der
Schulleiter der Abendschule hat mir gesagt, dass ich es in einem
Jahr schaffen könnte, wenn ich fleißig wäre. Daran soll es nicht
liegen!

Vormittags gehe ich immer in den Kindergarten, um dort
praktisch zu arbeiten. Es ist einfach schön, mit dem munteren
Völkchen zu singen und zu spielen. Nach ein paar Wochen habe
ich mir bei meinem ehemaligen Chef mein Zeugnis abgeholt. Es
war nichtssagend, er sprach mir darin jegliche Qualifikation ab.
Und dabei habe ich ihn eingearbeitet! Ich bin mit dem Zeugnis
zur Deutschen Arbeitsfront gegangen. Und stell Dir vor, die
kannten ihn dort schon, weil er früher bereits mit Untergebenen
Schwierigkeiten gehabt hat. Das hat mich etwas getröstet. Übrigens – mein alter Chef hat mir dann ein neues Zeugnis aus-
gestellt – und damit kann ich mich überall sehen lassen.

Der Chef hat mir aber gesagt, dass er dem Arbeitsamt melden wird, dass ich nicht mehr bei ihm arbeite und somit auch meinen Arbeitsdienst ableisten kann. Ich bin mal gespannt, was dabei herauskommt. Schlimmstenfalls werden sie mich einziehen, aber das wird wohl erst im nächsten Jahr sein, denn der März, die Zeit des jährlichen Beginns für den Arbeitsdienst, ist schon herum.

So, liebes Urselchen, jetzt habe ich Dir ausführlich berichtet, was ich alles erlebt habe. Schreibst Du mir trotz der Abi-Vorbereitungen kurz, wie es Dir geht? Darüber würde ich mich sehr freuen.

Deine Johanna.

Arbeitsdienst und Kriegshilfsdienst

Schon im April ist Johanna unterwegs nach Stiege im Harz, wo sie sich im Schloss einfinden soll. Mit einem Monat Verspätung wird sie beginnen, ihre Pflicht für das Vaterland zu tun.

Allein die Reise ist schon ein Abenteuer: Zunächst muss sie mit der Reichsbahn fahren, dann mit der Harzquerbahn, einer Bahn, die viel schmaler ist als die Züge, die sie bisher kannte. Schloss Stiege ist romantisch gelegen, inmitten von Wäldern. Oberhalb des Schlosses liegt eine steil ansteigende Wiese.

»Ach, da kommt ja unsere verspätete Arbeitsmaid!« Die Arbeitsdienstführerin begrüßt Johanna. »Lassen Sie sich gleich einkleiden und Ihr Bett zeigen!«

Verstohlen mustert Johanna die Frau, die jetzt ein knappes halbes Jahr lang ihre Vorgesetzte – nun ja, eben ihre Führerin sein wird. Schlank ist sie, mittelgroß und nicht unsympathisch. Die Lagerleiterin, die für alle Gruppen im ganzen Schloss verantwortlich ist, sieht strenger aus.

Johanna hat sich schnell mit der Tatsache abgefunden, dass sie nun ihre Pflicht für das Vaterland tun wird. So wie die jungen Männer zum Militärdienst für den Staat herangezogen werden, sollen auch die jungen Frauen etwas für den Staat tun. Weil ja nun viele junge Männer Soldaten geworden sind, fehlt es überall an Arbeitskräften. Da können die jungen Frauen mit einspringen. Schließlich muss dafür gesorgt werden, dass in diesen schweren Zeiten die Ernährung der Bevölkerung sichergestellt wird. Deswegen hat Johanna nichts dagegen, wieder in der Landwirtschaft zu arbeiten. Sie wird aber in eine Bäckerei geschickt. Dort wartet der Haushalt auf sie, gelegentlich ist auch das Putzen der Backstube angesagt.

Der Tagesablauf kommt Johanna bekannt vor. Wo hat sie das alles schon erlebt? Wecken, Frühsport, Waschen, Betten machen, Frühstück, Fahnenappell? Ach ja, damals im Schullandheim im Bergischen Land war es doch ganz ähnlich.

Hier in Stiege wird das Programm noch erweitert: eine halbe Stunde werden deutsche Volkslieder oder auch Lieder der Nationalsozialisten gesungen, kämpferisch und entschlossen. Nach dem Singen, das Johanna immer großen Spaß macht, werden die Tagesnachrichten besprochen.

Anhand einer großen Karte wird genau aufgezeigt, wo die deutschen Truppen gerade stehen. Bis in den Kaukasus sind sie vorgedrungen, haben ein riesengroßes Gebiet erobert. Gut so! Die Westmächte sollen sehen, dass die Unterjochung und Demütigung der Deutschen ein Ende hat. Deutschland muss sich sein Existenzrecht erkämpfen. Haben die Westmächte nicht selbst mit dem Krieg angefangen, indem sie den Polen halfen?! Sind die Deutschen nicht ein Volk ohne Raum? Oft genug haben sie das gehört. Jawohl, denkt Johanna, unsere Soldaten werden neuen Lebensraum für uns erkämpfen!

Die Nachrichten werden im Radio gehört – im *deutschen* Radio natürlich. Die Feinde senden ebenfalls Nachrichten auf

Deutsch, aber dort wird ganz anders berichtet als im deutschen Rundfunk, und es ist verboten, diese Sender zu hören. Dort soll zum Beispiel behauptet worden sein, dass die Juden aus Deutschland in den Osten abtransportiert würden und niemand wisse genau, was dort mit ihnen geschehe.

So ein Unfug! Johanna und die anderen Arbeitsmaiden wissen doch genau, dass die Juden zurück in den Osten gebracht werden, weil sie früher einmal von dorther gekommen sind. Sie werden neu dort angesiedelt.

Außerdem soll in den feindlichen Sendern von Gräueltaten deutscher Soldaten an der polnischen und russischen Zivilbevölkerung die Rede gewesen sein. So eine boshafte feindliche Agitation! Kein Deutscher würde wehrlose Bürger eines eroberten Staates ungerecht behandeln. Die Vorstellung ist für Johanna einfach absurd! Die feindlichen Sender verbreiten solche Lügen, um die Wehrkraft des deutschen Volkes zu zersetzen. Deshalb ist es auch richtig, findet sie, dass man diese Meldungen nicht hören darf.

Bombenangriffe gibt es hier in Stiege nicht, sie können jede Nacht ruhig schlafen. Das tut gut nach den vielen Nächten im Luftschutzkeller.

Jede Arbeitsmaid verdient pro Tag fünfzig Pfennige. Sie bekommen außerdem ihre Bekleidung gestellt und das Frühstück; zu Mittag essen sie an ihren Arbeitsstellen. Die meisten von ihnen sind auf Bauernhöfen und in kleinen Betrieben eingesetzt. Alle vier Wochen wird gewechselt.

Gottesdienstbesuch am Sonntag wird zwar erlaubt, aber eine regelmäßige Teilnahme ist unmöglich, weil am Sonntagvormittag oft etwas Besonderes eingeplant wird. In der Heuernte geht es am Sonntagnachmittag sogar hinaus zum Heuwenden. Das ist zwar eigentlich eine freiwillige Sache, aber was soll man sonst tun in diesem abgelegenen Ort?

Zum Lesen ihrer Bibel und zum ausgiebigen Beten versteckt sich Johanna sonntags auf dem geräumigen Speicher des alten Schlosses. Auch wenn sie einen langen Brief nach Hause schreiben will, zieht sie sich hierhin zurück.

Johanna arbeitet zunächst vier Wochen in der Bäckerei, um eine erkrankte Arbeitsmaid zu vertreten. In einer Bäckerei braucht man keinen Hunger zu leiden. Das sagt ihr der alte Bäckermeister, der jetzt ohne seinen Sohn auskommen muss, gleich am ersten Tag. Irgendein Gebäckstück gibt es immer, das missraten ist und danach ruft, gegessen zu werden. In der Bäckerei muss zwar hart gearbeitet werden, aber Johanna ist harte Arbeit gewöhnt, und es gefällt ihr dort.

Als die ersten vier Wochen herum sind und die Vertretung endet, wird Johanna noch einmal in die Bäckerei geschickt, diesmal sind es ihre eigenen turnusmäßigen vier Wochen. Anschließend arbeitet sie vier Wochen lang in einer Gastwirtschaft in Stiege, dann kommt sie zu einem Bauern.

Am Ende des ersten Halbjahrs darf jede Arbeitsmaid zwei Wünsche angeben, wo sie die letzten vier Wochen arbeiten möchte. Johanna entscheidet sich wieder für die Bäckerei. Weil sonst niemand mehr dorthin möchte, wird ihr dieser Wunsch auch erfüllt.

Eine Arbeitsmaid erzählt Johanna einmal hinter vorgehaltener Hand, was ihre Schwester im Arbeitsdienst erlebt hat. Johanna kann es kaum glauben, andererseits ist es auch wieder nicht ganz abwegig, was sie da hört.

»Meine Schwester ist groß gewachsen und hellblond.«

»Also eine echte Arierin«, schmunzelt Johanna.

»Ja. Und nun hat die Lagerleiterin sie rufen lassen und sie zu einem vertraulichen Gespräch gebeten. Aber, Johanna, versprich mir, dass du das nicht weitersagst, was ich dir hier erzähle.«

»Klar, darauf kannst du dich verlassen.«

»Also, die Lagerleiterin in ihrem Lager … es war ganz woanders, aber ich will nicht sagen wo … die hat sie rufen lassen und sie erst einmal gelobt und über unsere Familie ausgefragt … ob es da Erbkrankheiten gäbe und so weiter. Und als meine Schwester gesagt hat, in unserer Familie gäbe es keine Erbkrankheiten oder sonst etwas, da hat sie ihr das Versprechen abgenommen, kein Wort über das zu reden, was sie jetzt unter vier Augen besprechen würden. Meine Schwester hat es wohl versprochen, aber sie hat ihr Versprechen nicht halten können. Sie *musste* es einem sagen. Und da hat sie es eben mir gesagt.«

»Ich verstehe nicht, was da so Geheimnisvolles gewesen sein soll.«

»Pass auf! Die Lagerleiterin hat meine Schwester gefragt, ob sie sich vorstellen könnte, dem Führer ein Kind zu schenken.«

»Dem Führer?«, ruft Johanna erschrocken.

»Schrei nicht so! Natürlich nicht dem Führer selbst, sondern ein Kind für den Führer.«

»Ein Kind für den Führer?«

»Ja. Du weißt doch, dass die arische Rasse vermischt ist mit anderen, nicht so wertvollen Rassen.«

»Sicher, das haben wir ja schon in der Schule gelernt.«

»Nun will die SS Kinder haben, die dem nordischen Typ entsprechen. Groß, blond, blauäugig sollen die zukünftigen SS-Leute sein. Und da suchen sie also jetzt geeignete Mädchen, verstehst du? Als Mütter der künftigen SS-Leute. Meine Schwester zum Beispiel erschien der Lagerleiterin geeignet.«

»Ja, aber … der Mann?«

»Sie suchen eben auch blonde und blauäugige junge Soldaten aus.«

»Und die müssen sich dann heiraten?«

»Ach Unsinn! Die sollen ein Kind haben. Weiter nichts!«

»Aber wenn die sich nun gar nicht mögen?«

»Na und? Das ist doch Nebensache. Es geht darum, ein schönes blondes Kind zu bekommen. Das Kind wird dann in einem Heim aufgezogen und dort schon früh auf seine späteren Aufgaben vorbereitet.«

»Aber wenn deine Schwester nun schwanger wird, was würden deine Eltern sagen?«

»Nichts, denn die würden gar nichts davon erfahren. Die Lagerleiterin hat es meiner Schwester so erklärt: Sie würde bis zur Niederkunft in einem Heim leben, dort gut versorgt werden und nach der Entbindung zurückkehren, als sei nichts geschehen.«

»Und ihr Kind einfach da zurücklassen?«

»Ja, das hat ihr die Leiterin so gesagt. Das ist nämlich das Kind, das sie dem Führer schenkt. Genannt wird die Einrichtung ›SS-Lebensborn‹«

»Aber hier im Lager gibt es so etwas doch nicht, oder?«

»Auch da, wo meine Schwester ist, läuft das ganz heimlich ab. Plötzlich verreisen Mädchen und kommen erst nach längerer Zeit wieder. Aber unsere Lagerleiterin will davon nichts wissen. Hier gibt es so etwas nicht.«

»Stimmt das denn wirklich, was du mir erzählt hast?«

»Du, meine Schwester kann sich so etwas doch nicht ausdenken.«

Johanna ist froh, dass sie die braunen Haare ihrer Mutter geerbt hat. »Wenn ich nun blond geworden wäre wie mein Vater, dann hätten sie mich am Ende auch gefragt, ob ich dem Führer ein Kind schenken würde … Was hätte ich da bloß gemacht?«

Johanna schüttelt energisch den Kopf. Ein Kind für den Führer … Nein, das geht zu weit! Kinder sind eine Gabe Gottes, so steht es in der Bibel. Sie würde ihr Kind doch nicht einfach in einem Heim zurücklassen. Nein, so etwas würde sie niemals tun.

Das halbe Jahr Arbeitsdienst ist herum, nun geht es in den Kriegshilfsdienst. Die meisten Arbeitsmaiden arbeiten in einer Munitionsfabrikation in Alexisbad. Johanna dagegen wird zusammen mit drei anderen Maiden in Thale in einem Zeichen-büro eingesetzt. Dort soll ein Katalog für Ersatzteile von Kondensatoren erstellt werden, die auf Kriegsschiffen ge-braucht werden. Und damit die Ersatzteile bei Bedarf gleich richtig bestellt werden können, müssen sie exakt gezeichnet sein. Damit beschäftigt sich Johanna im Kriegshilfsdienst nun ein halbes Jahr lang.

Die Verpflegung hier ist knapp. Zwei Scheiben Brot erhält sie morgens und abends. Mittags isst sie in der Kantine des Zentralen Marine-Nachrichten-Mittelbetriebs. Kein Wunder, dass sie einen Hilferuf nach Hause schreibt, um zusätzliche Brotmarken zu bekommen.

Wieder in Duisburg

Johanna freut sich unbändig auf das Wiedersehen mit ihren Lieben. Auf der Rückfahrt in die Heimat schmiedet sie Pläne, was sie nun alles unternehmen will. Erst einmal, überlegt sie, wird sie sich einige Tage Ruhe gönnen. Vielleicht kann sie ja an der Mitteldecke weitersticken, die sie vor dem Arbeitsdienst begonnen hat. Dann wird sie wieder zur Abendschule und in den Kindergarten gehen, um die angefangene Ausbildung zu beenden.

Bei der Ankunft auf dem Duisburger Bahnhof wird ihr jedoch erschreckend klar, dass nichts mehr so ist, wie es gewe-sen ist. Der Bahnhofsvorplatz ist mit Löchern übersät, das Bahnhofsgebäude beschädigt. Die Straßenzüge in unmittelbar-er Nähe haben die einheitlichen Häuserfronten verloren. Hier und da klaffen Lücken, die mit Trümmern aus Mauerresten und Röhren ausgefüllt sind. In vielen Häusern haben die Fenster keine Scheiben mehr, sind mit Holzbrettern vernagelt oder auch einfach mit Wellpappe bespannt. Die Scheiben der Ladengeschäfte sind vielfach verschwunden.

Johanna fühlt sich wie in einem bösen Traum. Sie hofft, dass sie bald daraus erwachen und dann ihr altes Duisburg wieder vorfinden wird. Aber der böse Traum bleibt.

Bevor sie in die Krummacherstraße einbiegt, in der die elterliche Wohnung liegt, hält sie einen Augenblick inne. Ob das Haus noch steht? Sie hat Angst, auch hier könnte alles verändert sein. Mit klopfendem Herzen späht sie um die Ecke.

Welch ein Glück! In ihrer Straße gibt es nur wenige Schäden. Bis auf das Haus, das damals zerstört wurde, als sie noch daheim wohnte, sieht die Umgebung aus wie immer.

Zu Hause trifft Johanna Mutter und Heinrich an. Ihr Vater ist mit dem LKW unterwegs. Es gibt ständig etwas zu befördern.

Mutter und Heinrich sehen müde aus.

»Jede Nacht ist jetzt Fliegeralarm«, stöhnt ihr Bruder. »Die Tommys wollen uns mit aller Macht kleinkriegen. Aber das wird ihnen nicht gelingen!«

»Über Tag kann ich mich manchmal ein wenig hinlegen. Wenn dann nicht auch Fliegeralarm ist. Aber Heinrich muss doch zur Schule. Ich mache mir Sorgen um ihn«, seufzt Mutter.

»Ach Mutti, es dauert ja nicht mehr lange. Bald sind die Wunderwaffen fertig. Dann ist der Krieg schnell für uns entschieden. Und dann wird alles größer und schöner wieder aufgebaut«, versucht Heinrich sie zu trösten.

Mutter erzählt von Bekannten, die ihr Haus verloren haben. Und von anderen Bekannten, die dem Bombenkrieg zum Opfer gefallen sind. Die alten Müllers von schräg gegenüber leben beide nicht mehr. Frau Müller hat in einer Nacht im Luftschutzraum anscheinend einen Herzschlag erlitten. Sie war sofort tot. Ihr Mann legte sie in der Waschküche des Hauses auf eine Pritsche und sich selbst auf eine andere Pritsche daneben. Kurz darauf ist auch er gestorben ... eine tragische Geschichte.

In einer benachbarten Straße ist eine junge Frau mit drei Kindern ums Leben gekommen, nachdem das Haus einen Volltreffer abbekommen hatte.

Offensichtlich sind die Bomben schwerer und stärker geworden. Anfangs wurden meistens Brandbomben geworfen, die durch die Dächer der Häuser schlugen, auf dem Speicher liegen blieben und dort einen Dachstuhlbrand hervorriefen. Jetzt kommen meistens Sprengbomben zum Einsatz, die die Stockwerke der Häuser durchdringen und erst im unteren Geschoss explodieren. Dagegen können die Luftschutzräume keinen Schutz bieten. Man muss in die Bunker hasten, sobald Fliegeralarm ertönt.

Johanna empfindet zunehmend Wut und Entsetzen. Wäre sie doch ein Mann und könnte aktiv mit eingreifen! Diese feindlichen Flugzeuge, die ihre tödliche Fracht auf wehrlose Frauen, Kinder und alte Leute werfen – die müssen aufgehalten werden, bekämpft werden ... so dass sie es nicht mehr tun können. Aber wie?

Am nächsten Morgen macht sie sich auf den Weg zu ihrer Abendschule. Doch die ist geschlossen. Auch den Kindergarten gibt es nicht mehr.

»Die meisten Mütter werden wegen der Fliegerangriffe mit ihren Kindern aufs Land geschickt. Dort ist es ruhiger und sicherer für die Kinder«, erklärt ihr eine ältere Dame.

Johanna ist betroffen. Was soll sie jetzt tun? Ihre Berufsausbildung möchte sie doch gern zu Ende bringen, aber daran ist jetzt wohl nicht zu denken. Natürlich, der Krieg ist schuld ... Je schneller der beendet werden kann, umso besser. Wenn sie doch nur mithelfen könnte, diesem unseligen Krieg ein Ende zu bereiten!

Sie sucht das Textilgeschäft mit den Kurzwaren auf, in dem sie früher immer eingekauft hat. Oh Wunder, der Laden steht noch. Aber als sie nach farbigem Sticktwist fragt, schüttelt die Verkäuferin den Kopf.

»Wo denken Sie hin, mein Fräulein?«, ruft sie erstaunt aus. »Sticktwist gibt es schon lange nicht mehr. Die Bestände aus den Friedenszeiten sind längst aufgebraucht.«

Johanna schluckt ärgerlich. Nicht einmal so einfache Dinge wie Sticktwist sind erhältlich. Andererseits – wer mag schon Mitteldecken sticken, wenn er nicht weiß, ob seine Wohnung noch vorhanden ist, wenn er nach der Entwarnung den Bunker verlässt?

In diesen Tagen kommt ein Vetter zu Besuch, der gerade in der Duisburger Kaserne stationiert ist. Er hat sich zur Flak gemeldet.

»Was hast du denn jetzt vor, Johanna?«, fragt er, nachdem sie erzählt hat, dass sie gerade vom Reichsarbeitsdienst und Kriegshilfsdienst zurückgekehrt ist.

Johanna zuckt die Schultern. »Ich weiß es selbst noch nicht. Meine Berufsausbildung kann ich momentan nicht fortsetzen. Alles ist geschlossen.«

»Na, dann komm doch zur Flak! Wir suchen junge Frauen als Flakhelferinnen. Dadurch werden Männer frei, die an die Front können.«

Johanna gehen die Worte ihres Vetters nicht aus dem Kopf. Wäre dies eine Möglichkeit, um das Ende des Krieges schneller herbeizuführen?

Wenige Tage darauf stellt sie sich in der Duisburger Kaserne vor. Wie ihr Vetter vorgeschlagen hat, will sie sich zur Flakhelferin ausbilden lassen. Erst danach informiert sie ihre Familie über diesen Schritt.

In der Duisburger Kaserne

»Vor der Kaserne, vor dem großen Tor stand eine Laterne und steht sie noch davor …« Dieses Lied der Lilli Marleen, gesungen von Marlene Dietrich, schießt Johanna in den Sinn, als sie mit ihrem Koffer auf das Kasernentor zuschreitet.

Für Mutter ist es hart gewesen, den Schritt der Tochter zu akzeptieren. Dass Frauen am Krieg aktiv teilnehmen sollen, will ihr nicht in den Kopf. Auch ihr Vater war nicht gerade begeistert, als seine Tochter ihm ihren Entschluss mitteilte, bei der Flak zu dienen, damit ein dort eingesetzter junger Mann als Soldat in den Krieg ziehen könnte.

»Hättest du deine Eltern nicht erst einmal fragen können?«, hält der Vater ihr vor.

Johanna blickt ihre Eltern erstaunt an. »Ich dachte, ihr wollt auch, dass der Krieg bald zu Ende ist!«

»Ja nun, schon … aber …« Der Vater beißt sich auf die Lippe.

Heinrich findet seine Schwester heldenhaft, vielleicht auch etwas abenteuerlustig. Als Johanna sich in ihrer Uniform vorstellt, das Schiffchen kokett in ihr volles, braunes Haar gedrückt, meint er: »So hübsch wie jetzt hast du selten mal ausgesehen. Das steht dir einfach toll. Aber wenn du so in die Kaserne gehst, dann schauen alle nach dir und nicht mehr nach den feindlichen Fliegern. Pass auf, da vergessen die am Ende zu schießen!«

Johanna lacht. »Gut dass du mich drauf aufmerksam machst, Bruderherz! Sollte es so kommen, dann werde ich die Leute an die feindlichen Bomber erinnern.«

Das Leben in einer Kaserne ist Johanna nicht unbekannt; ähnlich war es auch im Arbeitsdienst. Untergebracht sind die Mädchen, die dem Aufruf gefolgt sind, in Sechsbettzimmern.

»Sie haben acht Stunden Dienst, dann acht Stunden Bereitschaft. Danach wieder acht Stunden Dienst und noch einmal Bereitschaft. Und noch einmal. Dann haben Sie vierundzwanzig Stunden frei. Danach wieder Dienst, Bereitschaft, Dienst, Bereitschaft, Dienst, Bereitschaft. Und wieder vierundzwanzig Stunden frei. So geht das immer weiter.«

Johanna nickt.

In der Kasernenzentrale, die im Keller des weitläufigen Gebäudes liegt, wird sie eingearbeitet.

»Ich bin Gerda«, stellt eine junge Frau in Uniform sich vor. »Wir alle hier sind Flakhelferinnen. Unsere Aufgabe besteht darin, die Meldungen über die Feindflüge zu sammeln. Schau, hier sind die Karten. Wir zeichnen ein, wo gerade feindliche Bomber gesichtet werden. Da kommen zum Beispiel welche über die Nordsee herein. Es sieht aber nicht so aus, als hätten sie es auf Bremen abgesehen. Dazu sind sie zu weit westlich. Möglicherweise haben sie Hannover oder Kassel im Visier. Vielleicht drehen sie auch nach Osten ab und greifen Braunschweig an. Das müssen wir jetzt abwarten. Wenn sie über den Dollart hereinkommen, dann haben sie es meistens auf das Ruhrgebiet abgesehen. Man kann das aber nicht immer sagen. Manchmal versuchen sie auch, uns zu täuschen.«

Ständig kommen Ferngespräche an, die von jungen Flakhelferinnen entgegengenommen werden.

»Was geschieht mit diesen Informationen?«, fragt Johanna.

»Wenn wir aufgrund der feindlichen Flugroute wissen, welche Ziele die Bomber ansteuern, dann geben wir das an die Alarmzentrale weiter. Die löst dann in den entsprechenden Städten den Fliegeralarm aus.«

»Gut«, sagt Johanna. »Jetzt kann ich endlich aktiv helfen, unsere Leute zu schützen!«

»Die Flakbatterien in den Städten setzen wir von den feindlichen Anflügen natürlich auch in Kenntnis. Die können sich dann schon vorbereiten und die Bomberverbände gebührend empfangen.«

Die Sirene heult. Fliegeralarm!

Johanna blickt sich um. Wo ist der Luftschutzbunker?

Gerda merkt ihre Unruhe. »Wir bleiben hier natürlich auf dem Posten. Dieser Raum liegt unter der Erde und ist gut gesichert, du bist also weit besser geschützt als in einem Keller eines Wohnhauses. Das ist ja auch notwendig, denn diese Zentrale darf nicht ausfallen.«

Johanna besetzt einen Platz an einem Fernsprecher. Sie nimmt die Meldungen über die Annäherung feindlicher Flieger entgegen. So wie sie es gezeigt bekommt, zeichnet sie die augenblicklichen Positionen auf der Karte ein. Ständig kommen Anrufe an und schnell entsteht ein Bild der Flugroute des feindlichen Bomberverbandes.

Während die Bomben fallen und die Flak zum Einsatz kommt, stellen die Mädchen fest, dass ein weiterer Verband unterwegs ist in Richtung Köln. Dazu nehmen die Flugzeuge meistens Kurs über die Eifel.

An ihrem freien Tag fährt Johanna nach Hause. Aber dort ist es keineswegs erholsam, denn mehrmals täglich gibt es Alarm. In den Luftschutzraum zu gehen, macht keinen Sinn mehr, denn die Luftminen sind so stark, dass sie ein Haus bis auf die Kellerfundamente zerstören. Statt dessen muss man, sobald der Alarm ertönt, in den nächsten Bunker laufen. Die Engländer haben es aber hauptsächlich auf die Hafenanlagen, Stahlwerke und Munitionsfabriken abgesehen. Natürlich werfen sie ihre tödliche Fracht auch auf Wohngebiete. Sicher ist man nirgendwo. Mehrere Stunden des Tages und viele Stunden der Nacht verbringt man täglich im Bunker.

»Kannst du nicht mit Heinrich zu Großmutter nach Bad Wildungen fahren?«, fragt Johanna die Mutter. »Dort seid ihr weit ab vom Schuss. Ihr könntet euch etwas erholen und mal richtig ausschlafen. Du und Heinrich, ihr seht beide übernächtigt aus. Vater ist doch ständig unterwegs und kommt nur selten heim. Auf wen willst du denn hier warten?« Johannas Vorschlag ist nicht abwegig.

»Die Idee hatte ich auch schon. Vater ist ja an der Front nicht einsetzbar und wurde zusammen mit dem LKW für Transportdienste eingezogen.«

»Haben sie eine Krankheit festgestellt?«

»Nein, das nicht. Aber du weißt doch, dass er viele Krampfadern an den Beinen hat. Würde er als Soldat da eine Verwundung bekommen, wäre er im Handumdrehen verblutet. Da könnte ihm kein Sanitäter mehr helfen. Und deswegen wird er nur hinter der Front eingesetzt.«

»Dann weiß ich nicht, was euch hier noch hält. Vater ist die meiste Zeit nicht zu Hause. Ihr fahrt nach Bad Wildungen und ich bleibe in der Kaserne. Wenn ich frei habe, sehe ich hier nach dem Rechten.«

Einige Tage später fährt Mutter zusammen mit Heinrich nach Bad Wildungen. Der Blockwart bekommt den Schlüssel ausgehändigt, um notfalls Zugang zur Wohnung zu haben. Das ist Vorschrift, denn es könnte sein, dass irgendwo Menschen obdachlos geworden sind und in die leer stehende Wohnung eingewiesen werden müssen. Heinrich hat seine Bücher und verschiedene andere Dinge, die ihm am Herzen liegen, in eine Holzkiste gepackt und im Keller verstaut.

Bei einem Kameradschaftsabend in der Kaserne bekommt Johanna einen älteren Soldaten als Tischnachbarn zugewiesen. Sie merkt ihm an, dass er sich in seiner Uniform alles andere als wohl fühlt, und bald entspinnt sich ein lebhaftes Gespräch.

Herr Wiesinger kommt aus dem Allgäu, aus der Nähe von Kempten, wo er auf einem Bauernhof lebt. Von Beruf aber ist er Organist. Daher nutzt er jede freie Minute, um in einer Duisburger Kirche Orgel zu üben. Er lädt Johanna ein, doch einmal mitzukommen, wenn sie beide gleichzeitig dienstfrei haben.

Bald darauf ergibt sich eine Gelegenheit. Als Johanna in der Kirche sitzt und darauf lauscht, wie Herr Wiesinger Werke von Bach und Händel spielt, wähnt sie sich in einer anderen Welt. In der Kirche ist vom Leben draußen nichts zu merken. Da ist nur noch die wunderbare Musik.

Von nun an begleitet Johanna ihn öfter, wenn der Dienstplan es zulässt. Einmal gibt es eine Überraschung: Ein Kamerad, der ebenfalls aus dem Allgäu stammt, kommt mit in die Kirche, um zur Orgel Geige zu spielen. Nach solchen wunderschönen »Privatkonzerten« fällt es Johanna sehr schwer, wieder in die raue Welt des Krieges, der Zerstörung und des Todes zurück-zukehren.

Kurze Zeit darauf geht eine Luftmine im Haus neben der elter-lichen Wohnung nieder. Durch den Luftdruck zerbersten alle Fensterscheiben, und durch die umherfliegenden Splitter sind die Möbel erheblich beschädigt worden. Nun ist die Wohnung so gut wie unbewohnbar.

Mutter holt daraufhin die Wäsche und das noch brauchbare Geschirr nach Wildungen. Sie will nicht mehr nach Duisburg zurückkehren.

Heinrich kann bald darauf in Kassel bei den Henschel-Werken eine Lehre als technischer Zeichner beginnen.

Freud und Leid

Nach etwa zwei Wochen bekommt Johanna Post von Mutter.

»Liebes Kind«, schreibt die Mutter, »Heinrich hat sich hier schon gut erholt. Die Woche über bleibt er in Kassel, was ihm aber nichts ausmacht. Hier im Waldecker Land gibt es bisher überhaupt keine Bombenangriffe. Trotzdem sind natürlich auch in Bad Wildungen Bunker gebaut worden.

Du kannst dir gar nicht vorstellen, wie friedlich es hier ist. Oma hat uns ein Kämmerchen geräumt, in dem zwei Betten stehen. Heinrich und ich sind hier gut untergebracht. Auch Oma, Tante Emma und Kusine Lenchen geht es gut. Aber eine furchtbare Mitteilung kann ich dir nicht ersparen. Dein Vetter aus Sachsenhausen ist in Italien gefallen. Und Vaters jüngster Bruder aus Ernsthausen ist in Frankreich geblieben.

Oma ist untröstlich. ›Meinen Ältesten habe ich im Ersten Krieg hergegeben, meinen Jüngsten im Zweiten. Und nun muss ich auch noch einen Enkel verlieren!‹, klagt sie. Ich bin froh, dass sie nicht verzweifelt. Sie betet viel.

Ich muss oft an meine Schwägerin in Ernsthausen denken. Ich kann so gut mit ihr fühlen, mir ist es ja damals ähnlich gegangen wie ihr jetzt. Sie hat die beiden kleinen Kinder, die sie nun allein großziehen muss. Ich habe ihr gleich geschrieben. Vielleicht kann ich sie ein wenig trösten …«

Einige Tage später kommt ein Brief von Ursula aus Erfurt.

»Liebe Johanna«, schreibt sie, »mit meinem Studium ist es aus. Das hat mehrere Gründe. Der schönste Grund ist 1,80 m groß, hat schwarzbraune Haare, blaue Augen und ist Studienrat – zurzeit aber Soldat.

Günther wohnt am anderen Ende unserer Straße. Er ist seit langem mit meinem Vater befreundet und kommt regelmäßig in unser Haus. Ich habe mich ganz doll in ihn verliebt – und er sich auch in mich … Er hat sich aber nicht getraut, mich zu fragen, ob ich ihn heiraten will. Er wollte erst abwarten, bis der Krieg vorbei ist. Das kann ja nicht mehr lange dauern. Aber ich habe ihn überzeugt, dass wir doch schon jetzt heiraten. Wenn er das nächste Mal Urlaub hat, soll die Trauung stattfinden. Ich schicke dir ein Foto von uns als Brautpaar – falls wir einen Fotografen auftreiben können. Wohnen wollen wir zunächst in meinem Elternhaus. Zu meinem Mädchenzimmer bekomme ich noch ein Zimmer dazu, das reicht erst einmal. Nach dem Krieg suchen wir uns dann eine größere Wohnung …«

Weg von Duisburg

Die Fliegerangriffe werden von Tag zu Tag heftiger. Johanna wird immer verzweifelter. »Da kommen sie, um unsere wehrlosen Frauen und Kinder zu töten. Sie wollen uns auslöschen …«

Es hält sie nicht mehr in diesem Bunker. Es reicht ihr einfach nicht, im Keller der Kaserne zu sitzen und machtlos zusehen zu müssen, wie immer wieder Bomber nach Deutschland hereinfliegen.

Eines Tages kommt eine Kameradin zu Besuch, die gerade Urlaub hat. Sie war früher auch in der Zentrale beschäftigt, hat sich dann aber zur Flakwaffenhelferin ausbilden lassen und ist nun bei einer Batterie eingesetzt. Dort gehört sie zu der Mannschaft, die auf die Flugzeuge feuert.

»Gefällt es dir dort, Kameradin?«, fragt Johanna.

»Und ob«, antwortet die. »Da kann ich endlich etwas tun. Ich wollte jetzt in euren Bunker nicht mehr zurück.«

»Werden da noch Leute gesucht?«, fragt Johanna neugierig.

»Ja freilich. Ständig werden junge Mädchen gesucht, die mit

in die Batterie kommen. Du fragst so, als ob du auch Interesse hättest.«

Johanna überlegt. Wenn sie sich als Flakwaffenhelferin ausbilden ließe, käme sie hier aus dem Dauerbombardement weg. Und vor allem: Sie könnte endlich etwas Konkretes für ihr Vaterland tun.

»Interesse habe ich schon«, sagt sie. »Wo kann ich mich melden?«

Schon kurze Zeit später befindet sich Johanna in Wolfsburg im Sammellager. Aus dem ganzen Deutschen Reich werden Mädchen hierhin geschickt, die sich zu Flakwaffenhelferinnen ausbilden lassen wollen.

Nach einigen Tagen geht die Reise dann weiter nach Rendsburg bei Flensburg, wo die Grundausbildung stattfindet. Dazu gehört das Marschieren, das Revolverschießen, aber auch ein Grundkurs über Flugzeuge, über Flakwaffen, die Kanonen also, die auf die Flugzeuge schießen. Außerdem wird ein Geometriekurs für die angehenden Kämpferinnen angeboten. Die Geräte werden ihnen erklärt, die man bei der Flugabwehr einsetzt.

In den ersten Tagen werden die Mädchen auf besondere Tauglichkeit hin untersucht. Bei Johanna stellt man ein ausgezeichnetes, gleichmäßiges Gehör fest – eine gute Voraussetzung zur Bedienung eines Horchgerätes, mit dem die herannahenden feindlichen Flugzeuge geortet werden.

Johanna soll also zur Horcherin ausgebildet werden. Dazu muss sie die Flak-Artillerieschule in Baden bei Wien besuchen. Etwa vierzig Mädchen werden mit ihr zusammen dorthin geschickt.

Brief aus Erfurt

Liebe Johanna, wann und wo mein Brief dich erreichen wird, weiß ich nicht. Ich habe auch keine Ahnung, wo du dich zur Zeit aufhältst, denn an deiner Feldpostnummer kann ich das nicht erkennen.

Die wichtigste Nachricht vorweg: Seit einigen Wochen bin ich Mutter eines Söhnchens. Ich hatte dir ja geschrieben, dass ich Nachwuchs erwartete. Mein Kindchen kam am Sonntagmorgen zur Welt. Es war eine Hausgeburt, Komplikationen hat es zum Glück nicht gegeben. Mein kleiner Wolfgang hob gleich den Kopf, um die Welt neugierig zu betrachten. Als er seinen ersten Schrei ausgestoßen hatte, begannen gerade die Glocken zu läuten. Er war 3800 Gramm schwer und 48 Zentimeter groß. Inzwischen hat er zugenommen, nachdem er zuerst etwas Gewicht verloren hatte.

Schade nur, dass sein Papa ihn nicht sehen kann. Günther ist in Russland und konnte keinen Fronturlaub bekommen. Und dabei hat er sich doch wie närrisch auf unser Kind gefreut! Du ahnst nicht, was ich mir habe einfallen lassen. Wolfgang hatte ein paar dunkle Löckchen auf dem Kopf. Eins davon habe ich abgeschnitten und in einen Feldpostbrief gelegt. Außerdem waren Wolfgangs Fingernägelchen so lang, dass ich sie schon schneiden musste. Auch die Fingernägelchen habe ich in den Brief gelegt und an die Front geschickt. Alles ist auch richtig in Günthers Besitz gelangt. Er hat mir gleich zurückgeschrieben, dass er vor Freude geweint hat, als er die Fingernägelchen und das Löckchen seines Sohnes in dem Brief vorfand. So hat er doch wenigstens etwas von dem Kleinen. Er trägt den Brief immer in der Brusttasche, um die Nägelchen und das Löckchen nahe an seinem Herzen zu haben.

Hoffentlich ist der Krieg bald zu Ende. Die Bombenangriffe auf Erfurt finden jetzt immer häufiger und heftiger statt. Mein

Elternhaus ist bisher zum Glück verschont geblieben, wie überhaupt unser Stadtteil bis jetzt glimpflich davongekommen ist. Aber das kann morgen schon anders sein.

Wenn du Zeit hast, schreib mir doch bald. Und schieße viele feindliche Flieger ab, damit wir hier sicherer sind! Ich grüße dich herzlich, dein Urselchen.

Die Flutwelle

Kurz darauf bekommt Johanna einen Brief von der Mutter.

»Meine liebe Tochter«, schreibt sie, »du hast mich gebeten, dir häufig zu schreiben und alles mitzuteilen, was hier geschieht. Soweit geht es uns gut. Auch Heinrich ist wohlauf, obwohl die Fliegerangriffe auf Kassel jetzt sehr massiv sind. Davon wollte ich dir aber nichts schreiben, sondern von dem schrecklichen Ereignis, das sich hier in der Nähe zugetragen hat. In den Nachrichten hat man davon gar nichts verlauten lassen, und so hast Du vermutlich noch nichts darüber gehört.

Am 16. Mai, es war schon dunkel, kamen englische Flugzeuge. Einige Nachbarn hier wollen Fluglärm vernommen haben, ich kann mich nicht erinnern, die Flugzeuge gehört zu haben. Angeblich flogen sie ganz niedrig, unter dem Radar. Wie das geht, weißt du sicher besser als ich, jedenfalls konnte man das Herannahen der Flugzeuge nicht frühzeitig feststellen. Auch eine Detonation habe ich nicht gehört. Dann aber hörte man vom dreizehn Kilometer entfernten Edertal herüber ein unheimliches lautes Rauschen. Das dauerte die ganze Nacht. Die Engländer hatten die Talsperre getroffen und teilweise zerstört. Aus dem Loch in der Mauer floss eine riesige Flutwelle das Tal hinunter. Das war das Rauschen.

Hemfurth direkt unterhalb liegt geschützt am Berg. Hier hat

die Flut nichts anrichten können. Aber Affoldern ist nahezu völlig weggespült, Bergheim teilweise überschwemmt, Anraff, Wellen usw. schwer beschädigt. Fritzlar und die Kasseler Altstadt wurden ebenfalls in Mitleidenschaft gezogen. Hier konnten die Leute rechtzeitig gewarnt werden, so dass niemand in den Fluten umgekommen ist. In den Dörfern unterhalb der Mauer sind aber, wie wir hörten, neunundzwanzig Menschen ertrunken.

Am Wochenende ist Heinrich mit dem Fahrrad ins Edertal gefahren. Er sagt, es sähe schrecklich dort aus, die Landschaft sei völlig verwüstet und nicht wieder zu erkennen.

Ich mache mir Sorgen um dich, mein Kind. Jeden Tag befehle ich dich Gottes Schutz an. Der treue Herr möge dich bewahren und wohlbehalten durch diese schlimmen Zeiten bringen.

Es grüßt dich in Liebe deine Mutter.«

In Baden bei Wien

Etwa vierzig junge Frauen sind es, die ihre Ausbildung in der Flakartillerieschule in Baden bei Wien beginnen. Der Ort ist romantisch gelegen und die Schule ebenfalls. Zehn junge Frauen wohnen jeweils in einem Zimmer. Die Verpflegung ist gut, abends bekommt man ein großes Stück Kommissbrot, Käse, Aufschnitt, ein Stück Butter und Marmelade. Das muss man sich dann einteilen, weil es für den Abend und das Frühstück am kommenden Morgen reichen soll. Mittags gibt es warmes Essen.

Zunächst müssen sich die Mädchen kennen lernen. Johanna erfährt, dass längst nicht alle sich freiwillig gemeldet haben so wie sie. Viele wurden einfach zum Dienst bei der Flak eingezogen. Eine junge Frau hat sogar ein kleines Kind zu Hause.

»Man hat mir gesagt, ich hätte doch eine Mutter daheim, die mein Kind so lange betreuen könnte«, erzählt sie unter Tränen. »Aber ich habe schrecklich Heimweh nach meinem Kind. Warum mussten sie mich auch gerade für die Flak aussuchen?«

Johanna und die anderen geben sich viel Mühe, die Kameradin zu trösten, aber das Heimweh nach ihrem Töchterchen lässt sich nicht leicht vertreiben.

Johannas neue Freundin Marianne ist ebenfalls nicht freiwillig zur Flak gekommen. Auch sie wurde einfach dienstverpflichtet. Sie ist verheiratet, ihr Mann ist Soldat, aber zum Glück haben sie noch keine Kinder.

»Mein Mann wollte es überhaupt nicht glauben, dass ich hierher geschickt wurde. Er hat mir immer wieder Vorwürfe gemacht, wie ich so leichtsinnig sein und mich zu diesem gefährlichen Unternehmen melden könnte. Dabei war ich genauso überrascht wie er«, erzählt sie Johanna.

»Der Krieg kann ja nicht mehr lange dauern«, tröstet Johanna sie. »Wir wollen ja gerade dazu beitragen, dass er bald zu Ende ist!«

Jeden Morgen müssen die jungen Frauen am Horchgerät üben. Einzig zu diesem Zweck kreist ständig ein Flugzeug über Baden. Das Horchgerät sieht aus wie ein großer Trichter mit zwei Kopfhörern. Die Horcherin muss die Kopfhörer aufsetzen und das Horchgerät, das waagrecht und senkrecht verstellt werden kann, so ausrichten, bis sie das Flugzeug genau in der Mitte des Kopfes mit beiden Kopfhörern gleich laut hört. Dann drückt sie auf einen Knopf. Alle kommen dran, alle horchen konzentriert. Nach dem Mittagessen gibt es dann die Auswertung. Jetzt wird besprochen, ob das Flugzeug richtig geortet wurde oder ob man Horchfehler gemacht hat.

Johanna und Marianne versuchen, die schöne Gegend, in die es sie verschlagen hat, etwas genauer anzusehen. Wien wird aber schon heftig aus der Luft angegriffen, so dass es auch hier immer wieder zu Unterbrechungen wegen Fliegeralarms kommt. Trotzdem besuchen sie den Prater und fahren mit dem Riesenrad, besichtigen Schloss Hellabrunn und andere Sehenswürdigkeiten.

Beim Mittagessen kommt Johanna mehrmals zufällig gegenüber einem Soldaten zu sitzen, der sie aufmerksam beobachtet. Der junge Mann ist, wie Johanna weiß, im zivilen Leben Studienrat.

»Beten Sie vor dem Essen?«, fragt er Johanna eines Tages.

»Ja, das tue ich«, bekennt sie frei.

»Da Sie sich nicht bekreuzigen, gehe ich davon aus, dass Sie keine Katholikin sind.«

»Das ist richtig. Ich bin nicht katholisch.«

»Also eine Protestantin, die betet. Das gibt es doch nicht.«

»Wie Sie sehen, bin ich der Gegenbeweis!«

»Ist es Ihnen denn ernst mit dem Tischgebet, oder ist das eher eine Formsache?«

»Formsache? Keineswegs. Ich habe das innere Bedürfnis, Gott für das Essen zu danken und ihn zu bitten, dass er es mir segnet.«

»Liebe Kameradin, ihre Ansicht verblüfft mich. Kennen Sie Gott denn so genau?«

»Ja, ich kenne ihn sehr gut.«

»Ist es nicht vermessen, so etwas zu sagen? Wer kennt schon Gott sehr gut?«

»Gott hat uns Menschen doch sein Wort, die Bibel, gegeben. Darin steht alles, was für uns wichtig ist.«

»Und was ist Ihrer Meinung nach für uns wichtig?«

»Nun, die wichtigste Person in der Bibel ist für mich Jesus. Denn durch ihn können wir von unserer Schuld befreit werden. Dadurch dass Jesus am Kreuz gestorben ist, hat er die Trennung zwischen den Menschen und Gott aufgehoben.«

»Schön, aber … Sie erlauben meinen Einwand … deswegen kennen Sie doch Gott nicht sehr gut, wie Sie soeben behauptet haben.«

»Lassen Sie mich weiter erzählen. Ich selbst habe vor einigen Jahren, ich war damals etwa fünfzehn, mein Leben diesem Jesus anvertraut. Und seitdem kann ich mit allen Sorgen zu ihm kommen. Jesus fordert uns ausdrücklich dazu auf, auch das steht in der Bibel.«

»Sie kennen die Bibel aber recht gut.«

»Ja, denn ich lese täglich darin und denke darüber nach, wie das gemeint ist, was ich gelesen habe und wie ich das für jeden Tag umsetzen kann.«

»Erlauben Sie … bei älteren Damen kann ich mir das vorstellen, aber Sie als junge Frau …«

»Sie halten mich für überspannt!«

»Nein, ganz und gar nicht. Im Gegenteil. Ich bewundere Ihre Ruhe und Ihre Gelassenheit. Neulich bei dem Fliegerangriff waren Sie ganz ruhig, während viele andere ziemlich panisch reagierten.«

»Aber ich hatte auch Angst.«

»Trotzdem. Wenn diese Gelassenheit mit Ihrem Glauben zusammenhängt, dann ist Religion wirklich etwas Konkretes. Dann hat sie Auswirkungen auf das tägliche Leben.«

Johanna trifft den Studienrat häufiger. Oft sprechen beide über den Glauben. Er ist fasziniert davon, dass Johanna Gott alles sagt, was sie bedrückt, dass sie ihn um alles bittet, was sie braucht und dann noch bekennt, Gott habe ihre Bitten auf diese oder jene Weise erhört – manchmal anders, als sie es sich dachte, aber er habe sie niemals enttäuscht.

Als die Zeit in Baden zu Ende geht, beschließen beide, brieflich Kontakt zu halten. Der Studienrat möchte eine so bemerkenswerte junge Frau nicht aus den Augen verlieren. Ob er sich für Johanna als Frau interessiert? Sie weiß es nicht.

Andeutungen, die Zeit nach dem Krieg betreffend, könnten sie so etwas vermuten lassen. Er nimmt sogar Johannas goldene Uhr mit, die sie von ihrer Mutter bekommen hat, um sie von einem Bekannten reparieren zu lassen. In einem alten Buch, das er innen ausgehöhlt hat, schickt er ihr die reparierte Uhr zurück.

Wenig später reißt der Kontakt plötzlich ab. Vermutlich hat er irgendwo an der Front den Tod gefunden.

Einige Tage vor der Abreise von Baden erfahren die Mädchen aus dem Rundfunk, dass ein Attentat auf den Führer verübt worden sei.

Eine Welle der Empörung ergreift die gesamte Flakartillerieschule. Wer konnte es wagen, das Leben des Führers anzutasten? Zum Glück ist er unversehrt davongekommen. Offenbar hat Gott seine Hand über ihn gehalten, denkt Johanna.

Die Männer, die das Attentat geplant haben, werden mit dem Tode bestraft. Zu Recht, wie alle finden.

Tierisches Intermezzo

Nach der Beendigung ihrer Ausbildung fahren die Horcherinnen nun in ein Sammellager in der Nähe von Berlin. Hier bleiben sie einige Zeit, um ihren ersten Einsatz abzuwarten. Marianne und Johanna bitten darum, zusammenbleiben zu dürfen, also der gleichen Batterie zugeteilt zu werden.

Ihr Wunsch wird respektiert. Die beiden werden zu einer Scheinwerferstellung in ein Dorf bei Bernburg abkommandiert. Hier sollen sie lernen, wie die Scheinwerfer eingestellt werden, die den Himmel nach Flugzeugen absuchen.

Die Scheinwerferstellung ist mitten auf einem Acker installiert. Für die dort tätigen Menschen gibt es fließendes Wasser, allerdings nur kaltes. Nun gut, im Krieg kann man keinen Komfort erwarten. Die Toilettenanlagen bestehen aus einigen Kabinen, die über einem Loch in der Erde errichtet sind. Eine Wasserspülung gibt es nicht. Man schläft in Barracken.

Johanna und Marianne kommen zusammen mit weiteren Flakwaffenhelferinnen in einer Baracke unter. Sie besteht aus einem Aufenthaltsraum, in dem Tische und Stühle stehen, und einem Schlafraum. Dieser ist mit Doppelstockbetten möbliert, und es gibt Metallschränke, die allgemein ›Spind‹ heißen, in denen man seine Habseligkeiten verstaut.

Das Leben in der Scheinwerferstellung ist langweilig. Johanna und Marianne haben eigentlich nichts zu tun, als zu warten. Sie schauen den Leuten zu, wenn sie nachts die Scheinwerfer auf die Flugzeuge richten und versuchen, eins im Lichtkegel »einzufangen«. Überall gibt es solche Scheinwerferstellungen, die bei Fliegeralarm den Himmel absuchen, um einen feindlichen Bomber aufzuspüren. Wie silberne Fäden, die sich ständig bewegen.

»Eigentlich sieht das schön aus mit diesen Lichtspielen am Himmel«, meint Marianne.

»Wenn der Anlass nur nicht so ernst wäre«, seufzt Johanna.

Am nächsten Morgen ist die Langeweile schlagartig vorbei.

»Sag mal«, schreit Johanna auf, »was krabbelt dir denn da auf dem Kopf herum?«

»Bei dir auch! Lauter kleine Tiere!«

»Kleine Tiere? Du, das müssen Läuse sein.«

»Läuse? Igitt! Wie kommen wir denn an Läuse?«

Jetzt juckt es ununterbrochen auf dem Kopf. Wie werden sie bloß die Läuse wieder los?

Ein bekanntes Mittel für derlei Fälle ist Kuprex, das man in die Haare einmassieren muss. Es riecht so ähnlich wie Petroleum. Nach einer längeren Einwirkzeit wird die Paste mit warmem Wasser wieder herausgewaschen, dann sollen alle Läuse abgetötet sein. Auch gegen die Nissen wirkt das Mittel, denn die sind das eigentliche Problem. Läuse lassen sich meist durch gründliches Waschen der Haare entfernen, aber die Nissen, die Läuseeier, überleben eine solche Prozedur problemlos. Sie schlüpfen dann aus und legen selbst wieder hunderte von Eiern.

Man erkennt die Nissen daran, dass sie hintereinander an einem Haar kleben. Es ist schwer, sie zu entfernen. Dafür gibt es Spezialkämme, aber die sind hier in der Scheinwerferstellung nicht zu bekommen.

»Kuprex können wir nicht nehmen«, meint Johanna. »Das kriegen wir mit kaltem Wasser nicht mehr aus den Haaren.«

»Dann bleibt uns nichts anderes übrig, als uns gegenseitig ganz gründlich die Köpfe nachzusehen.«

Am Nachmittag – das Wetter lässt es zu – sieht man zwei junge Frauen im Graben vor dem Scheinwerfer sitzen. Sie gehen einer ungewöhnlichen Beschäftigung nach. Mit einem Stielkamm geht die eine der anderen fast Millimeter für Millimeter die Haare durch. Eine Strähne nach der anderen wird sorgsam durchgekämmt, von Läusen und Nissen befreit und zur Seite gelegt. So arbeitet man sich gegenseitig die Haarpracht durch, um die ungebetenen Gäste wieder loszuwerden. Diese Prozedur wiederholen sie noch mehrmals an den folgenden Tagen. Und sie haben Erfolg – auch ohne Kuprex und warmes Wasser.

In Barleben

Endlich hat das Warten auf den Einsatz ein Ende. Johanna und Marianne werden nach Barleben bei Magdeburg geschickt, wo eine Großbatterie der Flak aufgebaut ist.

»Endlich geht es zur Sache«, raunen sich die beiden gegenseitig zu. Die lange Ausbildung am Horchgerät und die anschließende Wartezeit haben sie ungeduldig gemacht.

In Barleben geht es komfortabler zu als in der Scheinwerferstellung. Die sanitären Anlagen sind gut; bei Bedarf gibt es auch heißes Wasser. Mindestens zehn Geschütze sind in der Nähe aufgebaut.

Der Kommandeur begrüßt die Neuankömmlinge.

»Unsere Stellung hat mehrere Aufgaben. Zum einen sollen wir die Leuna-Werke schützen, auf die es der Feind immer wieder abgesehen hat. Außerdem einen Abschnitt des Mittellandkanals, denn diese wichtige Wasserstraße ist auch immer wieder Ziel der feindlichen Angriffe. Insgesamt haben die Angriffe erheblich zugenommen, vor allem, seit die Amerikaner mitmischen. Und dann bombardieren sie auch immer wieder Magdeburg selbst. Wir haben also alle Hände voll zu tun.«

Der Kommandeur erklärt die Geschütze. Da gibt es die 8,8-Geschütze, die normalen Flak-Kanonen und außerdem die Vierlingsflak. Das sind vier Rohre nebeneinander, mit denen vier Geschosse gleichzeitig abgefeuert werden können.

»Die Vierlingsflak eignet sich besonders für den Beschuss der Tiefflieger«, erläutert der Kommandeur.

Rund um die Flakstellung sind Scheinwerferstellungen angeordnet. »Jetzt werden die Scheinwerfer von Arbeitsmaiden bedient«, meint der Kommandeur. »Früher haben das alles Männer gemacht. Die sind nun als Soldaten an der Front.«

»Wo ist das Horchgerät?«, fragt Johanna und blickt sich suchend um.

»Horchgerät?«, spottet der Kommandeur. »Die Zeiten mit dem Horchgerät sind vorbei. Früher, als ein einzelner Flieger ankam, da konnte man mit Horchgeräten arbeiten. Damit war ein einzelnes Flugzeug gut zu orten. Aber heute, wo sie uns in Formationen von dreißig und mehr dicht an dicht überfliegen, da ist mit einem Horchgerät nichts mehr auszurichten. Die Geräusche sind zu diffus.«

»Ja, aber …« Marianne schluckt. »Wir sind doch extra als Horcherinnen ausgebildet worden.«

Und Johanna ergänzt: »Wir waren deswegen einige Monate in Baden auf der Flakartillerieschule.«

»Meine lieben Volksgenossinnen, das war sozusagen für die Katz …«

»Dann sind wir hier also überflüssig?«

»Keineswegs. Wir bilden Sie am Kommandogerät und am Funkmessgerät aus.«

»Kommandogerät? Was ist denn das?«

»Und ein Funkmessgerät …?«

»Um sich vor unserem Radar zu schützen, mit dem wir die Position eines Flugzeuges gut ermitteln können, werfen die feindlichen Flieger kleine Streifen aus Alufolie ab. In den Wolken aus Alufolienstreifen sind die Flugzeuge für uns nicht zu orten, weil die Alustreifchen die Radarstrahlen reflektieren und wir nicht erkennen können, ob dort nur Alustreifen in der Luft herumwirbeln oder ob da ein Flugzeug ist.«

»Ja, was macht man denn dann?«

»Zum Glück haben wir die Funkmessgeräte, die den Sprechfunk der feindlichen Maschinen feststellen und orten. Außerdem ist da noch das Kommandogerät, ein scharfes Fernsichtgerät, mit dem man ein Flugzeug suchen und orten kann. Beide Geräte sind miteinander verbunden.«

»Beide werden also gleichzeitig eingesetzt?«

»Meistens. Das Kommandogerät zeichnet die Flugroute eines feindlichen Bombers auf. Und es berechnet automatisch den Vorsatzwinkel. Sie wissen doch, was das ist?«

»Natürlich, das haben wir doch gelernt: der Winkel, der sich bildet, wenn das Flugzeug weiterfliegt. Man muss die Kanone ein Stück vor das Flugzeug richten und abfeuern, weil das Flugzeug ja ein Stück weitergeflogen ist, seit es von dem Gerät geortet worden ist.«

»Sehr gut. Und dieser Vorsatzwinkel wird vom Gerät automatisch berechnet.«

»Ein kluges Gerät.«

»Ja, es erleichtert uns die Arbeit, dieses kluge Gerät.«

»Dann lassen Sie uns gleich anfangen.«

Johanna übernimmt die Aufgabe, die Flugrouten der Bomber auf große Landkarten einzuzeichnen. Die entsprechenden Daten entnimmt sie dem Kommandogerät. Anfangs bedient sie das Kommandogerät noch nicht selbst. Sie trägt durch die Aufzeichnung der Routen zur Kenntnis der feindlichen Fluggewohnheiten bei. Wenn alle Daten eines Bombers eingegangen sind, gibt der Kommandeur den Befehl zum Schießen.

Während eines Tagesangriffs beobachtet Johanna, dass ein Flugzeug an der Tragfläche getroffen wird, erst ins Trudeln gerät und dann zu Boden stürzt.

»Wir haben ihn!« Sie springt auf und jubelt. »Er ist getroffen. Dem haben wir es aber gegeben! Wieder einer weniger!«

»Nun beruhige dich mal, Mädchen«, ertönt da eine Stimme

aus dem Raum. »Setz dich hin und mach weiter! Einen haben wir runtergeholt, aber fünfzig andere sind noch in der Luft.«

Johanna schluckt. Natürlich sind noch fünfzig Maschinen, beladen mit Tod und Zerstörung, in der Luft. Sie wird in Zukunft nicht mehr jubeln, sondern wie unbeteiligt weiterarbeiten – obwohl jeder froh ist, wenn man einen Treffer setzen konnte.

Tag und Nacht werden jetzt Angriffe geflogen. Die Zeiten der Ruhe zwischen den Angriffen dauert oft nur wenige Stunden. Es gibt auch keine eigentliche Dienst- und Freizeit mehr: Sobald Fliegeralarm ertönt, erscheinen alle auf dem Posten.

»Was sind denn das da drüben für … Jungen?«, fragt Marianne einen älteren Kameraden. Auch Johanna hat in den letzten Tagen gesehen, dass dort Jungen an den Geschützen Dienst tun, die höchstens fünfzehn oder sechzehn Jahre alt sind.

»Ach die? Das sind unsere Gymnasiasten. Die bedienen die Geschütze. Laden Munition nach.«

»Aber sollten Kinder in diesem Alter nicht besser in die Schule gehen?«

»Das tun sie auch. In den Zeiten ohne Alarm holen sie sofort ihre Bücher heraus und machen Unterricht. Der Mann in Uniform bei ihnen, das ist nicht etwa ein Soldat, sondern ihr Lehrer, der sie unterrichtet, sobald der Feind es zulässt.«

»Das ist aber doch …«

»Früher haben dort Männer die Geschütze bedient. Die sind aber jetzt, in der Phase vor dem Endsieg, alle im Feld, wo sie dringend gebraucht werden. Die Jungen können als Luftwaffenhelfer den Dienst am Geschütz gut verrichten.«

Johanna denkt an Heinrich. Ob der auch irgendwo in den Krieg muss?

Die Post ist die einzige Verbindung nach außen. Und der Rundfunk, der über die einzelnen Frontschauplätze berichtet.

Hinter vorgehaltener Hand erzählen jedoch einige Soldaten, dass die Lage der Deutschen nicht gerade zum Besten stehe. Überall seien die Fronten am Wanken.

Johanna glaubt nichts davon. Die deutschen Soldaten sind heldenhafte Kämpfer, die keinen feindlichen Soldaten auf deutschen Boden kommen lassen werden. Davon ist sie überzeugt. Und die Wunderwaffen, die der Führer versprochen hat, stehen auch kurz vor der Vollendung. Mit ihnen wird sich der Endsieg leicht herbeiführen lassen.

Einmal kommt eine Bomberstaffel auf einer etwas ungewöhnlichen Flugroute.

»Passt auf«, ruft der Kommandeur, »das gilt uns! Die fliegen direkt auf uns zu. Heute haben sie es auf uns abgesehen!«

»Kein Wunder«, denkt Johanna, »die merken doch, von wo aus sie ständig beschossen werden. Da bleibt es nicht aus, dass sie auch uns mal aufs Korn nehmen.«

In den nächsten Minuten geht ein Bombenteppich nieder. Auf die Stellungen hagelt es Sprengbomben. Als die Flugzeuge abgedreht haben, laufen alle nach draußen.

Eine einzige leere Baracke steht nicht mehr, ansonsten ist kein Geschütz, kein Scheinwerfer beschädigt worden. Der Feind hat mit seinen Sprengbomben offenbar immer genau zwischen die Geschütze in die Gräben getroffen.

»Da haben wir Glück gehabt«, lachen einige Kameraden und Kameradinnen.

»Nein«, sagt Johanna ernst, »wir sind bewahrt worden.«

Marianne hat einen Witz gehört. Man darf ihn aber nur hinter vorgehaltener Hand erzählen, weil er angeblich wehrkraftzersetzend ist. Und Wehrkraftzersetzung wird unter Umständen mit standrechtlichem Erschießen bestraft.

»Tünnes und Schääl treffen sich«, flüstert Marianne Johanna ins Ohr. »›Was machen wir nach dem Krieg?‹ fragt Schääl den

Tünnes. ›Da setzen wir uns auf das Fahrrad und machen eine Reise rund um Großdeutschland‹, schlägt Tünnes vor. ›Einverstanden‹, sagt Schääl. ›Aber was machen wir dann am Nachmittag?‹«

»Pst!« Johanna legt den Finger auf den Mund. »Lass das bloß niemand hören. Du weißt doch, wie empfindlich manche Leute sind.«

Ein Feldpostbrief von Hilde ist gekommen, Hilde mit den Sommersprossen. Johanna ist dankbar für jedes Lebenszeichen von außen. Aber Hildes Brief klingt erschütternd.

»Liebe Johanna«, schreibt die Schulkameradin, »ich hatte Dir geschrieben, dass mein Mann doch noch gezogen worden ist, obwohl es erst hieß, die Bergleute müssten bleiben, um Kohle zu fördern. Manfred war auch erst noch zu Hause, dann kam er nach Russland. Ich habe lange nichts von ihm gehört, aber jetzt ist er entlassen worden. Sie haben ihm in Russland beide Arme abnehmen müssen, weil er schwer verwundet war. Es ist schrecklich für uns alle, aber für ihn am allerschlimmsten.

Unser Häuschen ist inzwischen nicht mehr bewohnbar. Anfangs bin ich mit den Kindern in den Keller gezogen. Es wurde aber immer feuchter und kälter dort, da bin ich aufs Land gegangen. Manfred hat Verwandte am Niederrhein, die uns aufnehmen konnten. Wir wohnen in einer kleinen Stube, die früher einmal eine Mägdekammer gewesen ist. Da ist es wenigstens trocken und warm.

Glaub mir, es war schrecklich, als ich Manfred zum ersten Mal wieder sah. Er ist sehr abgemagert. Und ständig hat er Schmerzen. Schmerzen in den Armen, die es überhaupt nicht mehr gibt. Er sitzt meistens nur herum und macht sich trübe Gedanken. Er weiß nicht, wie er uns nach dem Krieg ernähren soll. Er hält sich für wert- und nutzlos. Ich rede ihm immer wieder gut zu, aber er will mich nicht hören. Ich zeige ihm die

Kinder, aber selbst das muntert ihn nicht auf. Gerade Manfred, der immer so stolz war auf seine kräftigen Arme, dem muss so etwas passieren. Gibst Du mir einen Rat, was ich ihm sagen soll? Entschuldige, dass ich Dir nichts Angenehmeres schreiben kann. Glaub mir, ich bin manchmal selbst ganz verzweifelt, es geht alles oft über meine Kräfte.
Ich grüße Dich in alter Freundschaft, Deine Hilde.«

Jahreswechsel

Weihnachten 1944 steht vor der Tür. Der Kommandeur lässt Johanna und Marianne zu sich rufen.
»Ihr beiden habt in den letzten Monaten noch keinen Urlaub gehabt. Ihr könnt über Weihnachten ein paar Tage nach Hause fahren.«
»Ja, aber …«
»Wir schaffen das schon alleine hier. Am 2. Januar möchte ich euch aber wieder hier sehen. Eure Urlaubsscheine sind schon vorbereitet.«
Marianne fällt Johanna um den Hals. »Ich fahre zu meiner Mutter nach Berlin. Vielleicht bekommt ja auch mein Mann Heimaturlaub. Das wäre zu schön, um wahr zu sein.«
Johanna sagt: »Ich fahre nach Bad Wildungen. Dort wohnt meine Mutter jetzt mit meinem Bruder. Ob mein Vater kommen kann, weiß ich nicht.«
Die Eisenbahnfahrt wird mehrfach unterbrochen, weil Tiefflieger den Zug beschießen. Die Bahnhöfe der großen Städte sind meistens von Schutt übersät. Trotzdem verkehren die Züge mehr oder weniger fahrplanmäßig. Einige Gleise sind immer freigeräumt.

In Bad Wildungen kommt Johanna sich vor wie in einer anderen Welt. Hier gibt es keine Bombenangriffe, kein Donnern der Flakgeschütze, keine Trümmer. Und in den Nächten kann sie ungestört schlafen.

Heinrich und Lenchen haben einen Baum geschmückt. Um die Weihnachtsgeschenke ist es in diesem Jahr kärglich bestellt, aber das ist nebensächlich. Es tut einfach gut, wieder mit den Lieben vereint zu sein. Heinrich und Johanna machen Spaziergänge durch die Kuranlagen und durch die Brunnenallee mit den uralten Bäumen.

»Komm«, sagt Heinrich eines Nachmittags, »ich zeige dir, wo nach dem Endsieg die Siegessäule aufgerichtet wird. Die Zufahrt von der Odershäuser Landstraße ist schon fertig.«

Bald darauf stehen beide auf dem Warteköppel. Von hier aus hat man einen wunderschönen Blick über die Stadt. Johanna muss zugeben, dass sie kaum einen geeigneteren Ort für eine Siegessäule kennt.

»Weißt du«, erklärt Heinrich der Schwester, »Göring will doch nach dem Krieg Wildungen zu seinem Quartier machen. Ihm gefällt es hier so gut … Und da müssen wir hier eine prächtige Siegessäule haben.«

Die wenigen freien Tage vergehen viel zu schnell. Johanna muss ihre Sachen packen und sich zur Abreise rüsten. Mutter fällt ihr immer wieder um den Hals. Ihr kommen die Tränen.

»Ich bete jeden Tag für dich, Kind. Gott möge dich bewahren. Wer weiß, was die Zukunft bringt.«

»Die Zukunft bringt uns bald den Endsieg, davon bin ich fest überzeugt! Und dafür lohnen sich alle Opfer. Außerdem weiß ich mich in Gottes Hand. Ich mache mir keine Sorgen.«

»Pass gut auf Mutter auf, Heinrich!«, befiehlt sie dem zu einem hübschen jungen Mann herangewachsenen Bruder beim Abschied auf dem Bahnhof.

Schnell findet Johanna in die raue Wirklichkeit zurück. Die

Bahnfahrt zieht sich in die Länge, weil einige Züge wegen verschiedener Streckenschäden – so nennt man Beschädigungen durch Bombenangriffe – nicht pünktlich fahren können. Trotzdem gelingt es ihr, rechtzeitig in Barleben bei ihrer Stellung zu sein. Auch Marianne ist wieder pünktlich zurück.

»Mein Mann hat keinen Urlaub bekommen«, erzählt sie traurig, »aber mit meiner Mutter habe ich eine schöne Zeit verbracht. Von Berlin will ich dir lieber nichts erzählen. Du glaubst ja nicht, wie es da jetzt aussieht.«

Marianne packt ihren Koffer aus.

»Sag mal, ist das Zivilkleidung?«, fragt Johanna erstaunt, als sie einen Blick in Mariannes Koffer wirft.

»Ja, meine Mutter hat gemeint, die könnte ich vielleicht bald brauchen.«

»Zivilkleidung? Hier? Die darfst du doch gar nicht tragen.«

»Das weiß ich auch, aber Mutter meinte, sie wäre vielleicht bald nötig.«

»Das verstehe ich nicht.«

»Mutter meint, dass der Krieg bald zu Ende sein könnte. Und da wäre ... da wäre Zivilkleidung gut.«

»Ach so, sie meint, der Endsieg steht kurz bevor?«

»Ja, der ... Endsieg ...«

Das kurze Gespräch hat Johanna irgendwie beunruhigt. Beim Endsieg ist es doch eine Ehre, gekämpft zu haben. Da braucht man doch keine Zivilkleidung.

»Vierundzwanzig Flugzeuge haben wir schon heruntergeholt. Wir mit unserer Batterie. Beim fünfundzwanzigsten bekommen wir alle zusammen eine Auszeichnung. Da bin ich mal gespannt«, meint Johanna.

»Vielleicht gibt es eine Ration Verpflegung extra oder ein Glas Sekt oder so. Irgendetwas lassen sie sich bestimmt einfallen.«

Ende Januar wird Johanna zum Hauptfeldwebel gerufen.

»Wir haben Order, geeignete junge Frauen zum Unteroffizierskurs nach München zu schicken. Wir haben dabei gleich an Sie gedacht. Sie sollen dort für das Kommandogerät ausgebildet werden. Der Kurs dauert vier Wochen. Danach kommen Sie zurück und können hier zur Bedienung eines Kommandogeräts eingesetzt werden.«

Marianne muss in Barleben bleiben.

»Die paar Wochen sind schnell herum«, tröstet Johanna ihre Freundin. »Sei so lieb und pass auf meine Habseligkeiten auf. Ich nehme nur das Nötigste mit nach München.«

Johanna macht sich – mit dem Marschbefehl nach München im Gepäck – auf den Weg in die bayerische Hauptstadt.

»Ein bisschen schade ist es doch«, denkt sie unterwegs. »Nun werde ich den fünfundzwanzigsten Treffer nicht miterleben. Und natürlich auch die Auszeichnung nicht bekommen ...«

München

Johanna meldet sich in München in der Kaserne.

»Damit du es gleich weißt, Kameradin«, sagt eine junge Frau, die schon einige Tage in München ist und ebenfalls am Unteroffizierslehrgang teilnehmen soll, »mit der Verpflegung hier hapert es.«

Johanna denkt: »Na ja, vier Wochen werde ich wohl überstehen. Dann fahre ich ja zum Glück wieder nach Magdeburg, wo es an Verpflegung nicht mangelt.«

Wie oft hat sie als Schulmädchen davon geträumt, einmal München zu sehen, die Pinakothek zu besichtigen oder auch die Feldherrnhalle anzuschauen.

Hatte der Führer hier nicht früher bereits versucht, die Macht zu erlangen? Damals war er gescheitert und wurde zu einer Festungshaft in Landsberg verurteilt, wo er sein Buch »Mein Kampf« schrieb.

Nun ist sie in dieser schönen Stadt – aber rechte Freude darüber will nicht aufkommen. Zu stark sind die Zerstörungen des Krieges. Zu oft gibt es Fliegeralarm, zu sehr ist sie selbst abgestumpft gegen alles, was schön und lebenswert ist. Jetzt geht es nur noch darum, weiter zu funktionieren und weiter zu leben.

Zusammen mit anderen jungen Frauen aus den verschiedensten Waffengattungen lernt Johanna nun das Kommandieren. Wer irgendwann als Unteroffizier tätig sein will, muss das schließlich können. Anschließend erfolgt eine intensive Ausbildung am Kommandogerät. Immer wieder aber werden sie durch Fliegeralarm unterbrochen, meistens nachmittags.

Sobald die Sirenen aufheulen, müssen sie so schnell wie möglich zu den Felsen laufen, die hinter dem Kasernenplatz, etwa einen Kilometer entfernt, aufragen. In diese Felsen sind Stollen gegraben, die den Bewohnern der Kaserne als Luftschutzbunker dienen. Man muss schon tüchig rennen, um die Stollen zu erreichen, bevor die Flieger eingetroffen sind. Nur die Brandwache bleibt in der Kaserne zurück, um eventuell niedergegangene Brandbomben sofort zu löschen, so dass sie keinen großen Schaden anrichten können. Man weiß nur nie, ob der Feind nun Brand- oder Sprengbomben abwirft. Deswegen hat man als Brandwache – der Dienst erfolgt reihum – immer ein etwas mulmiges Gefühl in der Magengegend.

Ostern 1945. Zusammen mit einer katholischen Kameradin besucht Johanna am Ostersonntag einen Gottesdienst. Die Kameradin trifft dort eine befreundete Familie – und die beiden werden prompt zum Kaffeetrinken eingeladen. Johanna fühlt sich herzlich wohl bei dieser Familie. Sie bekommt sogar ein richtiges buntes Osterei geschenkt.

Ende März 1945 ist der Lehrgang zu Ende. Johanna holt sich ihren Marschbefehl ab – ein lebenswichtiges Stück Papier. Man benötigt ihn, um sich unterwegs auf den Kommandanturen zu melden, wo man auch gleichzeitig Verpflegung erhält.

»Sie wollen zurück nach Magdeburg?«, fragt sie ein Uniformierter auf der Schreibstube. »Ja wissen Sie denn nicht, dass Sie da nicht mehr hinkönnen?«

»Warum denn nicht?«

»Dort sind doch schon die Amerikaner!«

Johanna schluckt. »Die Amerikaner sind schon in Magdeburg? Ja aber …«

»Wir werden Ihnen einen Marschbefehl nach Prag ausstellen. Dort suchen sie Fachleute für die Fliegerabwehr.«

»Nach Prag? Wie soll ich dorthin kommen?«

»Das ist jedem selbst überlassen.«

Als Johanna mit ihrem Marschbefehl in Richtung Prag auf dem Kasernenhof steht, ist sie wie vor den Kopf geschlagen.

»Die Amerikaner sind in Magdeburg. Wie wird es meinen Kameraden, wie wird es Marianne dort ergehen? Und wie meinen Lieben zu Hause?«

Irrfahrt

Auch die meisten anderen jungen Frauen haben einen Marschbefehl nach Prag erhalten.

»Wir müssen zuerst einmal eine Landkarte haben, damit wir nachsehen können, wie wir am besten dorthin kommen«, schlägt eine Kameradin namens Bärbel vor.

Eine Landkarte ist schnell organisiert. Viele Köpfe beugen sich darüber.

»Eindeutig: die erste Etappe ist Rosenheim!«

Ab und zu verlässt ein Wehrmachtsfahrzeug das Kasernengelände. Sofern es nach oder über Rosenheim fährt, nimmt jedes Fahrzeug einige junge Frauen mit, die ihre Reise nach Prag antreten wollen. Jede von ihnen ist mit einem Rucksack bepackt, in dem alle ihre Habseligkeiten stecken.

Am frühen Abend treffen sie nach und nach vor der Kommandantur in Rosenheim ein.

»Verpflegung gibt es hier für jede«, erfahren Johanna und Bärbel von einer Kameradin, »aber Nachtquartiere müssen wir uns selbst beschaffen.«

Die beiden melden sich, nehmen ihre Verpflegung in Empfang und kommen wieder heraus.

»Wir fragen einfach in einem Gasthof nach, ob wir da schlafen können«, schlägt Bärbel vor.

Ob es in Rosenheim einen Gasthof mit genügend Platz für dreißig uniformierte Frauen gibt? Vor einem respektablen Haus stellen sich alle auf. Jemand klopft den Gastwirt heraus.

»Wisst's was?«, meint der, als er die vielen Unterkunft Begehrenden sieht, »ich schütte euch Stroh in die kleine Gaststube, da könnt's alle schlafen.«

Zeitig am nächsten Morgen sind alle wieder auf den Beinen und laufen zur Ausfallstraße Richtung Salzburg. Von dort aus soll es nach Linz gehen und dann in nördlicher Richtung weiter nach Prag.

Die Frauen hoffen darauf, dass sie gruppenweise in Armeefahrzeugen mitgenommen werden. Johanna und Bärbel stehen an der Straße und winken einem Soldaten, der in einem LKW unterwegs ist. Er hält tatsächlich an und springt aus dem Fahrzeug.

»Wo soll's hingehen?«, fragt er.

»Irgendwie in Richtung Prag«, sagt Bärbel und lächelt den jungen Soldaten an. Er macht einen netten Eindruck.

»Was wollt ihr denn in Prag?«

»Wir haben einen Marschbefehl dorthin«, sagt Johanna.

»Lasst doch mal sehen!« Der Soldat schaut sich das Papier an. »Tatsächlich, ein Marschbefehl nach Prag. Wollt ihr da wirklich hin?«

»Natürlich! Befehl ist Befehl!«

»Seid ihr denn des Wahnsinns? Da sind doch schon die Russen!«

»Nein!«

»Doch! Jetzt noch nach Prag zu gehen, das ist Selbstmord!«

»Was sollen wir denn machen?«

Der junge Soldat winkt die anderen jungen Frauen dicht zu sich heran. »Hört zu! Ich bin auf der Schreibstube der Kommandantur in Bad Aibling«, flüstert er. »Ich stelle euch einen anderen Marschbefehl aus. Überlegt euch, wo ihr hinmöchtet! Nach Prag könnt ihr jetzt auf keinen Fall mehr.«

»Ja geht das denn so einfach?«

»Das lasst meine Sorge sein. Bleibt heute in Rosenheim. Morgen früh kommt bitte hier zur Brücke und holt euch neue

Marschbefehle ab. Ihr müsst mir nur sagen, was ich ausstellen soll. Habt ihr hier Bekannte oder Verwandte in der Gegend?«

»Verwandte nicht, aber Bekannte schon«, sagt Johanna. Sie denkt an den Organisten Wiesinger, den sie in der Duisburger Kaserne kennen gelernt hat. Seine Familie hat einen Bauernhof in der Nähe von Kempten. Er hatte ihr angeboten, sich im Falle eines Falles bei seinen Leuten auf ihn zu berufen.

»Stell uns doch einen Marschbefehl nach Kempten im Allgäu aus.«

Der junge Mann hält Wort. Am nächsten Morgen hat er die Marschbefehle ausgefertigt. Bei Johanna und Bärbel steht Kempten im Allgäu darauf.

Teils zu Fuß, teils als Mitfahrerinnen erreichen die beiden Kufstein, holen auf der Kommandantur ihre Lebensmittel-rationen ab, übernachten im Straßengraben, besichtigen die dortige Burg und setzen ihre Reise fort.

Am nächsten Tag fahren sie bei herrlichem Frühlingswetter durch das Inntal. Ein Bauer lässt sie auf der Ofenbank über-nachten.

Als sie in Innsbruck eintreffen, melden Johanna und Bärbel sich pflichtgemäß auf der dortigen Kommandantur. Doch der Mann auf der Schreibstube schüttelt den Kopf.

»Sie haben einen Marschbefehl nach Kempten? Da können Sie jetzt nicht hinfahren.«

»Sind da etwa auch schon die Amerikaner?«, fragt Johanna entnervt.

»Die Amerikaner nicht, aber die Franzosen. In Kempten wird gerade gekämpft.«

»Haben Sie denn andere Verwendung für uns?«

»In Bozen wird ein großes Auffanglager für Flakhelferinnen eingerichtet. Wir schicken Sie dorthin.«

Kurze Zeit später halten die beiden den Marschbefehl nach Bozen in Händen.

»Übernachten können Sie hier im Sammellager. Und morgen versuchen Sie, auf einem Armee-Lastwagen mitzukommen, der über den Brenner nach Südtirol fährt.«

Am nächsten Morgen stehen die beiden jungen Frauen marschbereit mit ihren Rucksäcken an der Straße. Das schöne Wetter der letzten Tage ist vorbei. Es regnet heftig, die Täler sind nebelverhangen. Von der schönen Landschaft ist nur wenig zu sehen.

Als sich ein Lastwagen nähert, winken beide. Das Fahrzeug bleibt stehen.

»Wo soll es hingehen?«, fragt der Fahrer.

»Wir müssen nach Bozen«, erklärt Johanna. »Habt ihr Platz für uns beide?«

»Platz schon, aber mit uns zu fahren, ist höchst gefährlich. Unser Wagen ist bis oben hin mit scharfer Munition beladen.«

»Das macht uns nichts aus.«

»Jetzt gibt es aber täglich Tieffliegerangriffe. Wenn wir einen Treffer abkriegen, fliegen wir allesamt in die Luft«, warnt der Beifahrer.

»Kamerad«, Johanna winkt müde ab. »Seit Monaten hausen wir in unmittelbarer Nachbarschaft von scharfer Munition.«

»Das sind wir gewöhnt«, pflichtet Bärbel bei.

»Also gut, dann steigt auf.«

Das vollbeladene Fahrzeug kriecht die Straße zum Brenner-Pass hinauf. Der Nebel wird immer dichter, je höher es kommt.

»Habt ihr nicht etwas von Tieffliegern erzählt?«, fragt Bärbel. »Wo bleiben die denn?«

»Die fehlen einem ja richtig«, spottet Johanna.

»Scheinen sich heute nicht zwischen die Berge zu wagen. Bei der schlechten Sicht könnten sie schnell mal mit einer Felswand Bekanntschaft machen.«

Regen und Nebel halten an, bis das Fahrzeug Bozen erreicht hat. Tieffliegerangriffe hat es heute nicht gegeben.

»Wenn ihr gestern gefahren wäret, dann hätte es ganz anders ausgehen können. Gestern war klare Sicht. Da kamen unsere Freunde ständig und haben uns beschossen. Ihr habt also wirklich Schwein gehabt!«

Johanna senkt den Kopf. »Danke für das Regenwetter«, betet sie im Stillen.

Auffanglager Bozen

Spät am Abend melden sich die beiden in Bozen.

»Gut dass ihr kommt«, begrüßt man sie in der Kommandantur. »Die Italiener laufen uns nämlich aus den Stellungen weg.«

Klar! Die Italiener haben in letzter Minute die Fronten gewechselt und sich auf die Seite der Aliierten geschlagen.

»Nachtquartier haben wir keins! Aber Verpflegung könnt ihr haben!«, sagt man den beiden jungen Frauen in Uniform. »Morgen bringen wir euch in die Flakstellung. Wo ihr übernachtet, müsst ihr selbst sehen.«

Kurze Zeit später stehen beide mit ihrer Ration Kommissbrot und der Beilage auf dem Bozener Marktplatz. Suchend blicken sie sich um. Es ist schon spät, wo können sie noch ein Nachtquartier finden?

Da entdecken sie in einer Seitenstraße »ihren« LKW, mit dem sie hergekommen sind. Beifahrer und Fahrer haben den Wagen inzwischen entladen und rüsten sich zur Nachtruhe auf der Ladefläche. Sie erzählen, dass sie noch keine Bleibe für die Nacht hätten.

»Ihr könnt hier bei uns auf dem Wagen übernachten.« Eine freundliche Geste lädt sie ein, auf die Ladefläche zu klettern. Beide Mädchen verzehren ein Stück Brot und rollen dann ihre Schlafsäcke aus.

Kaum ist Johanna hineingekrochen, da spürt sie, wie eine Hand nach ihr greift. Erschrocken fährt sie auf. »Was ist?«

Im Dämmerlicht erkennt sie, dass einer der Männer neben ihr sitzt. Er ist nur spärlich bekleidet.

»Was wollen Sie?«

»Was ich will? Ich will dich nur ein bisschen lieb haben. Hast du was dagegen?«

»Ja«, sagt Johanna, »ich habe etwas dagegen.«

»Nun sei doch nicht so! Ihr Flak-Mädchen …«

»Johanna«, ruft Bärbel, »ich glaube, wir müssen uns doch ein anderes Nachtquartier suchen. Ich fühle mich hier belästigt.«

»Na, na …«, beruhigt sie einer der Männer. »Dann eben nicht.«

»Lasst uns bitte in Ruhe!«, sagt Johanna.

»Ihr seid doch auch beide verheiratet«, fügt Bärbel hinzu. »Ich habe die Eheringe an euren Händen gesehen.«

»Schon gut, schon gut! Aber ihr braucht deswegen kein neues Nachtquartier zu suchen. Wir schlafen jetzt auch.«

Am nächsten Morgen kann keiner der beiden Männer den jungen Frauen in die Augen sehen. Johanna kocht Tee für beide mit. Als sie sich anschließend in eine Ecke zurückzieht, um in ihrer kleinen Bibel zu lesen, machen beide betroffene Gesichter.

Am Vormittag melden Johanna und Bärbel sich wieder in der Kommandantur. Sie werden daraufhin in die Flakstellung bei Bozen gebracht. Offiziell haben sie die Aufgabe, Bozen zu schützen, aber es gibt fast keine Angriffe. Gelegentlich taucht ein einzelnes feindliches Flugzeug auf, das irgendwo eine Bombe ins Feld wirft. Niemand nimmt das richtig ernst. Jedenfalls braucht man sich deswegen nicht die Mühe zu machen und zu schießen.

Nach der ersten Nacht im Auffanglager hat Johanna am ganzen Köper kleine Pickel, die fürchterlich jucken. Bärbel geht es ähnlich. Jeder Pickel hat in der Mitte ein winziges rotes Pünktchen, als wenn dort etwas zugebissen hätte.

Während Johanna noch den Schaden begutachtet, sieht sie in den Ritzen der Wand kleine Tiere entlangkrabbeln. Wanzen! Die Pickel sind also Wanzenbisse! In diesem Barackenraum wird sie keine Nacht mehr verbringen. Sie organisiert sich ein Klappbett, das sie im Vorraum der Baracke aufstellt. Die Wanzen scheinen den Umzug ihres Opfers nicht registriert zu haben, denn anschließend lassen sie Johanna in Ruhe.

Die Verpflegung im Lager ist manchmal etwas ungewöhnlich. Mal gibt es nur Brot, ein anderes Mal wird Butter und Schokolade verteilt. Johanna macht es wie die anderen Kameradinnen auch. Sie streicht die Butter dick auf die Schokolade und beißt Stück für Stück ab.

In ihrer Freizeit dürfen die Flakwaffenhelferinnen auch die Stadt Bozen besuchen oder Wanderungen in die wunderschöne Umgebung machen. Es ist fast wie im Urlaub. Nach den hektischen Wochen, die hinter ihnen liegen, wird es fast langweilig.

Eines Tages werden Frauen gesucht, die nähen können. Johanna meldet sich.

»Wir haben eine Menge Stoff vorrätig. Alle Frauen, die nähen können, sollen aus dem Stoff Turnhosen für Soldaten nähen.«

Die Nähkundigen setzen sich an die vorhandenen Maschinen und beginnen mit der Arbeit. Von nun an rattern fast ununterbrochen die Nähmaschinen.

Wiederum ein paar Tage später wird den Lagerbewohnerinnen mitgeteilt, sie könnten zu der nahe gelegenen Schuhfabrik gehen und sich nach Belieben mit Schuhen eindecken.

»Das ist kein Diebstahl, das ist Wehrmachtsgut! Nehmt euch so viele Paare, wie ihr brauchen könnt. Sonst fallen sie den Italienern in die Hände.«

Nach und nach laufen die Mädchen zu der Fabrik hinüber. Jede sucht sich einige Paare aus. Johanna findet ein Paar Schuhe, das ihr besonders gut passt und gefällt. Sie weiß noch nicht, dass sie in diesen Schuhen einmal vor den Traualtar treten wird …

Kurz darauf wird das gesamte Lager zusammengerufen.

»Soeben wurde in den Nachrichten gemeldet, dass der Führer im Kampf um Berlin den Heldentod erlitten hat«, teilt der Lagerleiter mit.

»Der Führer ist tot!« Es klingt wie ein Aufschrei. Auf vielen Gesichtern ist Entsetzen und Ratlosigkeit zu sehen. »Was soll nun werden? Wir haben keinen Führer mehr!«

Johanna läuft es kalt den Rücken herunter. Der Führer ist tot. Heldenhaft soll er im Kampf um Berlin gefallen sein … Es würgt sie im Hals, aber sie muss nicht weinen. Was soll nun werden? Das weiß sie auch nicht. Niemand weiß es. Sie schluckt. Aber eins weiß sie doch: Sie hat einen Herrn, dem sie ihre Zukunft anvertrauen kann und der sie jetzt nicht fallen lässt.

Wenige Tage später ist der Krieg zu Ende.

Nach Italien hinein

»Die Amerikaner sind da«, flüstern die Mädchen im Lager sich zu. Von der Übernahme des Lagers durch die Eroberer hat niemand etwas bemerkt. Das Einzige, was sich geändert hat, ist die Hautfarbe der Bewacher. Unter ihnen sind auch farbige Amerikaner.

Die Lagerinsassinnen erhalten den Befehl, in der Kantine zu bleiben. Später dürfen sie die Kantine verlassen, nicht aber das Lager. Ausgang in die Stadt Bozen gibt es ab sofort nicht mehr.

Johanna hat schon seit Januar keine Post mehr von daheim erhalten. Sie weiß nicht, wie es ihren Lieben geht. Was ist mit ihrem Vater? Zuletzt war er in Berlin, aber die Stadt soll heftig umkämpft worden sein. Ob er noch lebt?

Wenn die Amerikaner sogar bis Magdeburg vorgedrungen sind, dann haben sie bestimmt auch das Waldecker Land erreicht. Sie hofft, dass alle Verwandten dort wohlauf sind. Umgekehrt kann sie sich ausmalen, welche Sorgen sich ihre Mutter und ihr Bruder um sie machen werden.

Einige Tage später wird der Befehl ausgegeben, die Flakwaffenhelferinnen sollten sich fertig machen zum Abtransport ins Gefangenenlager.

Große Busse fahren vor. Die Frauen laden ihr Gepäck ein, und ab geht die Fahrt in südlicher Richtung.

Johanna fühlt sich nicht wohl. Sie schaut aus dem Bus, um die italienische Landschaft zu betrachten, aber irgendwie flimmert es ihr vor den Augen. Schließlich schläft sie ein.

Als Bärbel sie weckt, hat der Bus auf einem großen Parkplatz Halt gemacht. Johanna sieht einen weißen Turm, der sich bedrohlich zur Seite neigt, als würde er sich vor ihr verbeugen. Das erschreckt sie.

»Siehst du den schiefen Turm von Pisa?«, fragt Bärbel. Sie

schaut Johanna fragend an. »Was ist mit dir? Du hast bestimmt hohes Fieber.«

Johanna nickt. Aha, dieser Turm, der sich ständig vor ihr verbeugt, das also ist der schiefe Turm von Pisa. Plötzlich fängt der Turm an, sich zu drehen, zu tanzen …

Johanna wird in einem Lazarett in Florenz wach. Als es ihr langsam besser geht, erzählt man ihr, dass sie an Diphterie erkrankt sei.

Sie wird bestens verpflegt; gute Medikamente bringen sie allmählich wieder zu Kräften. Aber erst nach neun Wochen darf sie das Lazarett verlassen.

Nun erfährt sie, dass die Amerikaner ein großes Sammellager für Wehrmachtshelferinnen in Florenz errichtet haben. Nebenan, nur durch einen hohen Stacheldrahtzaun getrennt, befindet sich ein Lager mit kriegsgefangenen deutschen Soldaten.

Die Lagerinsassen bekommen nun die Erlaubnis, nach Hause zu schreiben. Johanna schreibt sofort einen Brief nach Bad Wildungen. Antwort erhält sie nicht.

Im Kriegsgefangenenlager ist die Verpflegung äußerst dürftig. Morgens gibt es eine Tasse Kaffee und ein Scheibe Weißbrot mit einem Marmeladeklecks darauf, mittags eine Kelle Suppe, abends eine Scheibe Weißbrot und dazu Tomatensaft.

Neu ist, dass auch die Frauen eine wöchentliche Tabakzuteilung erhalten. Johanna raucht aus Langeweile und Hunger Zigaretten der Marke ›Chesterfield‹, dann aber entscheidet sie sich, die Tabakzuteilung lieber gegen Seife einzutauschen. Am Zaun zum Männerlager blüht der Tauschhandel. Seife wird sehr knapp an die Gefangenen ausgegeben, deshalb ist Johanna froh, einige Stücke gegen die Zigarettenschachteln eintauschen zu können. So kann sie sich unter der Dusche wenigstens richtig einseifen.

Eines Tages sind deutsche Sanitäter im Lager, um nicht normal transportfähige Verwundete nach Deutschland zu bringen. Sofort werden sie umringt und ausgefragt, weil alle wissen wollen, was in der Heimat los ist.

»Ihr werdet euch wundern, wenn ihr nach Deutschland kommt«, sagen die Sanitäter.

»Warum?«

»Na, zum Beispiel dies: In Deutschland, jedenfalls in der amerikanischen Zone, sind deutsche Mädchen mit schwarzen amerikanischen Soldaten befreundet.«

»Was?«, ruft Johanna empört. »Ich denke, das ist Rassenschande! Das würden doch deutsche Mädchen niemals machen.«

»Na, wartet es ab!«

»Das kann ich nicht glauben.«

»Du wirst sehen. Übrigens … Rassenschande, das gibt es nicht mehr. Das tausendjährige Reich ist vorbei. Es hat gerade mal zwölf Jahre gehalten.«

Johanna wendet sich ab. Das kann doch alles nur Lüge sein. Aber wenn es nun *keine* Lüge ist?

Hitler soll auch nicht im Kampf um Berlin gefallen sein. Nein, inzwischen erfährt man, er habe Selbstmord begangen, anstatt dem Feind entgegenzutreten. Wenn das stimmt, dann war der Führer also gar nicht der strahlende Held, sondern … ein elender Feigling.

Im Lager erzählen die Leute, die amerikanische Nachrichtensender verstehen können, im Osten seien Lager eingerichtet gewesen, in denen die Juden fabrikmäßig getötet wurden. Unvorstellbar!

Das muss feindliche Propaganda sein, entscheidet Johanna. Sie hat doch in der Schule gelernt, dass die Juden in den Osten zurückgebracht würden, von woher sie früher einmal eingewandert seien, und dort sollten sie wieder angesiedelt werden. Aber … inzwischen hat sich schon so vieles als Lüge herausgestellt … Was, wenn es nun doch so wäre, wie man sagt?

Die Leute, die Englisch verstehen, erzählen schreckliche Dinge. Überlebende aus diesen Lagern seien in den Sendungen zu Wort gekommen und hätten genau geschildert, welche Gräuel sich dort abgespielt hätten.

Johanna weiß nicht, wo ihr der Kopf steht. Alles, was ihr früher wertvoll, teuer, ja heilig war, stellt sich plötzlich als verbrecherisch heraus. Hat man sie die ganze Zeit über belogen, betrogen? Ihre Begeisterung für das Vaterland, die Begeisterung, mit der sie in den Krieg gezogen ist, um an einer gerechten, besseren Welt mitzubauen – all das soll sich auf ein Fundament aus Lug und Trug gestützt haben?

Seit ihrem sechzehnten Lebensjahr kennt sie nur Krieg. Jetzt ist sie bald dreiundzwanzig Jahre alt … Die unbekümmerten Jahre der Jugend, die Jahre, in denen junge Leute einfach in den Tag hinein leben, ohne sich zu viele Sorgen zu machen, um diese Jahre wurde sie betrogen. Nicht nur sie allein, alle ihre Altersgenossen auch. Hilde mit ihrem Mann, der nun keine Arme mehr hat. Ursula, die ihrem Mann nur ein Löckchen und die Fingernägelchen ihres Söhnchens schicken konnte und schon lange von ihm nichts mehr gehört hat … Sind die nicht alle betrogen worden?

»So viele meiner Ideale sind zerbrochen«, stellt Johanna immer wieder fest. »Wie soll das Leben nur weitergehen? Wenn ich nicht wüsste, dass Gott es gut mit mir meint und dass er mit meinem Leben einen Plan hat, dann müsste ich tatsächlich verzweifeln. Der Führer, die Nazi-Größen und sogar die Volksgenossen – alle haben mich enttäuscht. Aber ich weiß, dass Jesus mich niemals enttäuschen wird. Er wird mir auch jetzt einen Weg zeigen.«

Etwa vier Wochen später soll Johanna mit einer Gruppe junger Frauen ins Gefangenenlager nach Pisa verlegt werden. Als sie gerade in die bereitstehenden Busse einsteigen wollen, kommen plötzlich italienische Zivilisten mit Stöcken und Steinen auf sie zu. Sie sind ganz offensichtlich zornig und schimpfen in ihrer Sprache. Einige streichen sich mit dem Zeigefinger am Hals entlang und strecken die Zunge heraus. Es ist ganz klar, was die Geste bedeuten soll: Man möchte die abreisenden Frauen am liebsten aufhängen. Als die Gruppe bedrohlich nahe herangekommen ist, schreiten die amerikanischen Soldaten energisch ein und vertreiben die aufgebrachte Menge.

»So ist das jetzt«, sagt Johanna zu ihrer Nachbarin, »unsere Feinde beschützen uns vor unseren Freunden.«

Einer der Bewacher sagt in gebrochenem Deutsch zu den Frauen: »Wir auch nicht lieben die Italiener. Das war nicht gut, wie sie ihre Freunde zuletzt haben verlassen.«

Als die Frauen ihn erstaunt anschauen, erklärt er lächelnd: »Ich habe gehabt deutsche Grandmother.«

Zurück in die Heimat

Etappenweise geht es nun auf Lastwagen der Heimat entgegen. Irgendwo werden die Frauen in einen Zug geladen, der sie bis nach Bad Aibling bringt. In dem dortigen Auffanglager sollen alle, die aus der Kriegsgefangenschaft entlassen werden sollen, gründlich untersucht werden, damit niemand eine ansteckende Krankheit mit nach Hause bringt.

Am Abreisetag stehen amerikanische Militärlastwagen vor dem Tor des Lagers. Ein dunkelhäutiger Fahrer besteigt das Führerhaus. Und los geht die Fahrt, immer weiter Richtung Norden. Der Fahrer scheint vergessen zu haben, dass er Menschen befördert, denn er fährt in rasantem Tempo über die Straßen, die nach dem Krieg nicht mehr in bestem Zustand sind.

Irgendwann ist das Auffanglager in Gießen erreicht. Johanna übernachtet hier, am nächsten Tag fährt sie mit dem Zug bis nach Wabern. Den Anschlusszug nach Bad Wildungen bekommt sie nicht mehr; in diesen Tagen werden Zugfahrpläne nur selten eingehalten.

Ein freundlicher Lastwagenfahrer nimmt sie schließlich mit und lässt sie an einer Straßenkreuzung kurz vor Bad Wildungen aussteigen.

Johanna holt tief Luft. Endlich daheim! Was und wen wird sie hier antreffen?

Das Glück braucht nicht Paläste ...

Johanna erzählt selbst von ihrer Rückkehr nach Bad Wildungen

»Gott sei Dank, endlich daheim!«

Mit letzter Kraft warf ich meinen schweren Rucksack durch die offene Haustür in den Flur. Meine Mutter und Heinrich rissen erschrocken die Küchentür auf, und mit einem Freudenschrei fielen wir uns in die Arme. Hinter ihnen standen mein Vater und die Oma.

In der Küche konnte ich auch noch Tante Emma, Cousine Lenchen und Onkel Friedrich begrüßen, der ebenfalls aus der Gefangenschaft zurückgekehrt war. Seine Familie wohnte in Mecklenburg. Auf dem Sofa saß noch ein junger Mann, den ich zwar nicht kannte, dem ich aber ebenfalls die Hand zum Gruß reichte. Er nannte seinen Namen.

Bei der allgemeinen Wiedersehensfreude fiel mir gar nicht auf, dass er nur ein Bein hatte. Kurz darauf war er unbemerkt wieder verschwunden.

Nun gab es so viel zu erzählen! Ich hatte zwar aus der Gefangenschaft mehrere Briefe geschrieben, aber bis dahin war keine Nachricht von mir eingetroffen. Die Post kam erst, nachdem ich schon einige Wochen zu Hause war.

Kurz vor dem Abendbrot fragte mich meine Mutter: »Hast du eigentlich den jungen Mann begrüßt, der auf dem Sofa saß? Er sitzt im Wohnzimmer und weint.«

Ich bejahte und fragte, wer er sei. Daraufhin erfuhr ich, dass meine Tante, die bei einer orthopädischen Firma arbeitete, ihm bis zur Fertigstellung seiner Prothese Quartier gewährt habe. Er sei Sudetenländer, könne nicht zurück in seine Heimat und wisse auch nichts über seine Angehörigen.

Meine Heimkehr hatte ihm wohl schmerzlich ins Bewusstsein gerufen, dass er ein Heimatloser war, der – noch verstärkt durch den Verlust seines linken Beines – auf die Güte und Freundlichkeit fremder Menschen angewiesen war. Meine Lieben hatten ihn mit viel Herzlichkeit und Wärme aufgenommen, und das hatte bis jetzt seinen Kummer überdecken können. Doch nun war er neu aufgebrochen; daher seine Tränen.

Nun saßen wir am Abendbrottisch und dankten Gott für die guten Gaben und das Dach über dem Kopf. Wie die Oma es nur immer fertigbrachte, die vielen hungrigen Mäuler zu stopfen, ist mir bis heute ein Rätsel! Wenn auch nicht üppig, so war doch immer das Nötigste vorhanden. Dank Gottes Güte bescherte uns der Sommer reichlich Gemüse und Obst – und dafür brauchte man keine Lebensmittelmarken. Auch Kartoffeln gab es genug, und wenn es doch mal eng wurde, dann fuhr Oma zu ihren beiden Töchtern in Netze und Sachsenhausen, die große Gärten besaßen. Dort fiel immer mal etwas ab, auch manchmal ein Stückchen Speck oder eine Schwarte.

An den lauen Sommerabenden saßen wir oft in dem kleinen Vorgarten, der durch eine hohe Hecke zur Straße hin ab-

geschirmt war. Wir redeten über Vergangenheit und Zukunft ...
Was konnte sie uns nach dem verlorenen Krieg noch bringen?

Dann griffen die Männer zu Gitarre und Mandoline, und da wir alle keine schlechten Sänger waren, hatten wir bald einen kleinen Chor zusammen. Zunächst sangen wir Soldaten- und Wanderlieder, die wir noch im Ohr hatten, danach unsere schönen alten Volkslieder, die dann in tröstliche Glaubenslieder übergingen. Josef brillierte dabei mit seiner wunderschönen Tenorstimme und flocht zur allgemeinen Erheiterung ab und zu einen lustigen Jodler mit ein. Das alles stimmte uns wieder froh und zuversichtlich. Wir waren einfach dankbar, den furchtbaren Krieg überstanden zu haben und wieder ein Stück Geborgenheit genießen zu können.

Für uns alle war es selbstverständlich, dass wir am Sonntagmorgen den Gottesdienst besuchten. Auch Josef, der katholisch war, nahm daran teil. Als zehnjähriger Junge hatte er die heilige Kommunion empfangen, doch ihre Bedeutung war ihm nicht recht bewusst geworden. Die Ängste im Krieg, das Sterben von Kameraden neben ihm hatten viele Fragen aufgeworfen, für die er eine Antwort suchte. Würde er sie in Gottes Wort finden? Gab es wirklich einen Gott der Liebe, der sogar seinen Sohn für die Menschheit opferte? Als er das endlich begreifen und glauben konnte, bekam sein Leben eine ganz neue Perspektive. Diesem Gottessohn vertraute er fortan sein Leben an.

An einem Wochenende fand ein Jugendtreffen in Sachsenhausen statt, an dem wir alle teilnehmen wollten. Es war gar nicht so einfach, dorthin zu gelangen, wir mussten erst mit der Bahn, dann mit dem Bus fahren und zum Schluss noch ein Stück zu Fuß gehen. Deshalb mussten wir schon einen Tag zuvor die Reise antreten. Die wurde jedoch schon in Netze unterbrochen, weil die Reiherbachbrücke zerstört war. Meine Tante in Netze konnte einige Gäste über Nacht aufnehmen. Ich musste jedoch noch an dem Abend zu Fuß nach Sachsenhausen laufen, denn in Netze reichten die Quartiere nicht für alle. Dabei war mir recht unheimlich zumute, denn der Weg führte durch einen einsamen Wald.

Josef begleitete mich trotz Krücken ein Stück. Am Waldrand machten wir eine Pause. »Du hast übrigens schöne Schuhe an«, bemerkte er plötzlich.

»Gefallen sie dir?«, fragte ich zurück.

»Nicht nur die Schuhe, das ganze Dirndl gefällt mir.«

Was sollte ich nun dazu sagen?

Das Jugendtreffen am Sonntag fand in der Kirche in Sachsenhausen statt. Von weit her waren die Besucher gekommen, und nicht nur junge Leute.

In der Mittagspause machten wir auf einer Wiese hinter dem Haus meiner Tante Rast. Wie selbstverständlich legte Josef dabei seinen Kopf in meinen Schoß. Mir war das furchtbar peinlich, denn vom Haus aus konnte man uns genau beobachten – und vielleicht irgendwelche falschen Schlüsse ziehen.

Die Ermahnung meiner Mutter ließ dann auch nicht lange auf sich warten. Bei der Heimreise im Bus sagte sie: »Halte dich doch ein bisschen zurück … Wir wissen doch gar nichts über den Josef und wo er wirklich herkommt.«

Ich konnte nur verlegen stottern: »Ich habe doch gar nichts getan …«

Für die Mittagsmahlzeiten unserer so bunt zusammengewürfelten Familie waren hauptsächlich wir Frauen verantwortlich, ausgenommen Tante Emma und Cousine Lenchen, die berufstätig waren. Da ich die jüngsten Beine hatte, wurde ich oft zu Besorgungen in die Stadt geschickt. Josef ging dann mit seinen Krücken gerne mit, um sich die Zeit zu vertreiben.

Einmal schlug er vor, einen kleinen Abstecher zum Schlossberg zu machen. Ich hatte zwar Bedenken, ging dann aber doch mit.

Am Waldrand setzten wir uns auf die Wiese und genossen den schönen Ausblick, die gute Luft und das Vogelgezwitscher. Plötzlich legte Josef den Arm um mich und wollte mich küssen.

Ich wehrte ab und fragte: »Willst du mit mir spielen?«

»Glaubst du, mir wäre zum Spielen zumute?«, war seine Entgegnung.

Ich war so überrascht, dass ich heute nicht mehr weiß, ob er sein Vorhaben noch durchführen konnte oder nicht. Schnell besann ich mich auf meine Pflichten, und wir gingen nach Hause, wo ich schon ungeduldig erwartet wurde.

Am Abend des gleichen Tages sollte ich noch etwas zu Bekannten hinüberbringen. Josef, der vor der Haustür saß, ging wieder mit. Als wir noch keine hundert Meter vom Haus entfernt waren, rief mein Vater hinter uns her: »Wartet, ich komme auch mit!«

Darüber wunderte ich mich sehr. Ich dachte: »So schwer habe ich doch nicht zu tragen – oder schickt Mutter mir am Ende einen Aufpasser hinterher?« Dieser Gedanke ließ mich nicht los, und es wurmte mich immer noch, als wir auf dem Rückweg zu dritt auf einer Bank am Kaiser-Wilhelm-Platz saßen. Doch mein Vater blieb nicht lange bei uns sitzen. Hatte er jetzt – hundert Meter vor der Haustür – seinen Auftrag erfüllt?

Ich war aufgebracht. Monate und Jahre war ich von zu Hause fort gewesen: Arbeitsdienst, Kriegshilfsdienst, Flak-Helferin in der Duisburger Kaserne und draußen mit Soldaten in den Stellungen. Überall hatte ich selbst auf mich aufpassen müssen – und nie hatte ich mir jemand zu nah an die Wäsche kommen lassen.

»Sollte er vielleicht Aufpasser spielen?«, entfuhr es mir.

Josef hakte sofort ein. »Natürlich wollen sie ihr Töchterchen vor mir schützen. Wer bin ich denn schon? Ein Krüppel, der nichts hat und nichts ist. Wenn ich meine Prothese habe, verschwinde ich sofort. In Bayern habe ich Kriegskameraden und auch einen Onkel. Vielleicht finde ich da irgendwo eine Bleibe.«

Mir taten seine Worte weh, im Geiste sah ich ihn mutterseelenallein vor einer Tür stehen und um Aufnahme betteln. Mir liefen die Tränen die Wange hinunter.

»Hannchen, du weinst doch nicht etwa um mich?«

Ich muss wohl genickt haben.

»Ja, liebst du mich denn? Du, ich liebe dich auch und habe mir immer eine Frau wie dich gewünscht. Ich weiß ganz gewiss, dass Gott uns zusammengeführt hat.«

In meinem Kopf ging alles durcheinander, und ich konnte gar nichts sagen. Da nahm er mich einfach in den Arm und gab mir einen Kuss.

»Hannchen, lass uns zusammenbleiben. Sag, willst du meine Frau werden?«

Ich sah ihn unter Tränen an und nickte. Wir umarmten und küssten uns.

Nun waren es nur noch wenige Minuten bis zur Sperrstunde um 22 Uhr, darum mussten wir schleunigst nach Hause. Meine Mutter war schon schlafen gegangen, und Oma hatte sich ihr Lager in der Küche bereitet. So ging ich auch nach oben und legte mich hin.

In meinem Kopf wirbelten die Gedanken. Was hatte ich da getan? Josef mein Ja-Wort gegeben, obwohl ich ihn doch erst drei Wochen kannte.

Meine Mutter war empört und sprach lange Zeit nicht mit uns. Josef ließ sich aber nicht beirren und bat am nächsten Morgen meinen Vater um die Hand seiner Tochter. Da ich bereits 22 Jahre alt war und damit eigenverantwortlich, konnte er nichts dagegensetzen. Ihm war nur wichtig, dass wir sicher waren, dass unser Entschluss auch dem Willen Gottes entsprach. Bei Josef gab es darüber gar keinen Zweifel.

Nun war ich über Nacht zur Braut geworden – eine gewöhnungsbedürftige Situation, die mich aber recht glücklich machte, denn ich merkte, dass ich Josef wirklich lieb hatte.

Da wir im selben Haushalt lebten, waren wir täglich beieinander, konnten vieles gemeinsam unternehmen, und das war sehr förderlich für unser Kennenlernen. So konnte ich ihm auch bei den ersten Gehversuchen mit seiner Prothese hilfreich zur Seite stehen.

Bewundernswert war es immer wieder, mit wie viel Humor er seine schwere Behinderung meisterte. Freundlichkeit und Frohsinn waren Teil seines Wesens. Ein gut aussehender Mann war er auch – das werden alle bestätigen, die ihn gekannt haben. Rückblickend kann ich sagen: Seine zärtliche Liebe und Treue waren das Fundament unseres 47 Jahre dauernden Eheglücks. Ja, ich hatte mit ihm das große Los gezogen – kein Geldlos, sondern ein Glückslos!

Nun galt es, ein gemeinsames Leben aufzubauen. Wir hatten beide nichts, also hieß es, eine Arbeit suchen. Eine Bürostelle gab es für mich nur bei den Amerikanern. Da ich aber erst kurz zuvor aus amerikanischer Gefangenschaft heimgekehrt war, hatte man auf dem Arbeitsamt volles Verständnis, dass ich eine solche ablehnte.

»Sonst haben wir leider nichts für Sie«, sagte man mir.

Nachdem er mit der Prothese gut zurechtkam, konnte Josef in einer Werkzeugfabrik in Wega arbeiten. Das war gut, denn Kriegsbeschädigten-Rente gab es ja noch keine, und so hatte er auch etwas selbst verdientes Geld in der Tasche und konnte bei Oma einen kleinen Betrag für Kost und Logis abgeben.

Herbst 1945. Bad Wildungen war eine mittelgroße Kurstadt mit einer reizvollen Umgebung. Die Wälder prangten in satten Herbstfarben, und die schon wieder frisch aufgeworfenen

Ackerschollen bildeten einen wohltuend beruhigenden Kontrast dazu.

Josef und ich gingen so oft wie möglich hinaus, um die letzten warmen Sonnenstrahlen zu genießen. Ein Spaziergang führte uns an der Friedhofsmauer entlang hoch zum Warteköppel. Wo die Mauer endete, stand auf der gegenüberliegenden Seite ein einsames Haus zwischen den Feldern. Ein Feldweg mit Schleedornbüschen teilte die Äcker. Dort machten wir Rast und hatten einen herrlichen Ausblick auf die Stadt – rechts der schon erwähnte Schlossberg mit Schloss Friedrichstein, in der Mitte die Altstadt mit dem trutzigen Kirchturm und links das Kurviertel, aus dem die roten Türme des Fürstenhofes malerisch hervortraten. Ein schönes Bild – und es war Frieden.

Josef legte den Arm um mich und gab mir einen Kuss. Wir waren glücklich. Dieses Glück half uns dabei, die Schrecken des Krieges abzuschütteln und – im Vertrauen auf Gott und unsere Liebe – nach vorn zu schauen. Damals ahnten wir noch nicht, dass an diesem Feldweg einmal unser Häuschen stehen würde, in dem wir mit unseren vier Kindern viele glückliche Jahre verleben durften. Doch bis dahin verging noch einige Zeit.

Ungefähr Mitte November kam unser Pastor zu uns und fragte mich, ob ich auch eine Arbeitsstelle in einem Haushalt annehmen würde. Warum nicht, dachte ich.

Es handelte sich um eine Fabrikantenfamilie in der Nähe von Homberg. Ich stellte mich vor und begann am 15. Januar meine Tätigkeit. An sich gefiel es mir dort sehr gut, wenn nur die Sehnsucht nach meinem Josef nicht gewesen wäre!

Alle vierzehn Tage durfte ich übers Wochenende nach Hause fahren. Das war immer sehr schön, aber auch umständlich, denn die Zugverbindungen waren katastrophal. Zunächst fuhr ich mit meinem alten Fahrrad bis Wabern, dann weiter mit dem

Zug nach Wildungen. Montags morgens um sechs Uhr ging es dann umgekehrt. Wenn nur die vielen Berge nicht gewesen wären! Ich musste doch um acht Uhr wieder zum Dienst zurück sein. Aber was tut man nicht alles aus Liebe! Dazwischen flog manches Liebesbrieflein hin und her.

Als ich wieder einmal ein Wochenende zu Hause war, sagte Josef: »Es tut mir so Leid, dass die Oma um meinetwillen jeden Morgen schon um sechs Uhr aufstehen muss. Sie ist doch auch schon über siebzig und hat ein schweres Leben hinter sich.«

Wir überlegten und kamen zu dem Schluss: Wir haben nichts, aber erst wenn wir verheiratet sind, können wir Anträge auf Wohnung, Möbel, Heizmaterial, Kartoffeln und so weiter stellen. Für alles brauchte man einen Bezugsschein. Also war der erste Schritt die Heirat! Als Termin legten wir den 20. August fest, Josefs Geburtstag.

Ich bat Frau Horn für diesen Zeitraum um vierzehn Tage Urlaub zwecks Heirat. Dann würde ich wieder zu ihren Diensten stehen.

Doch da machte sie ein bedenkliches Gesicht.

»Johanna«, meinte sie, »wenn man verheiratet ist, gehört man zu seinem Mann und lässt ihn nicht wieder allein. Bleiben Sie dann bei ihm.«

Ich war verwirrt. So hatte ich mir das nicht vorgestellt. Wollte sie mich vielleicht los sein? Sie hatte doch nie etwas an meiner Arbeit beanstandet. Oder glaubte sie etwa, ein »Muss« hätte diesen kurzfristigen Entschluss bewirkt? Später war ich ihr für diese Reaktion dankbar.

So packte ich also am 15. August meine Sachen und fuhr wieder nach Wildungen. Dort konnte ich meiner Mutter behilflich sein, eine bescheidene Hochzeit vorzubereiten. Das weiße Kleid, Kranz und Schleier wurden mir gern geborgt. Ebenso der dunkle Anzug für Josef.

Wir hatten zunächst an eine kleine Haustrauung gedacht, doch unser Pastor meinte, der eine oder andere aus der Gemeinde würde sicher gern daran teilnehmen. Deshalb sollten wir die Trauung doch lieber im Gemeindehaus stattfinden lassen. Wir ließen uns überreden.

Am 20. August, unserem Hochzeitstag und Josefs 24. Geburtstag, gingen wir morgens früh zunächst ins Badehaus an der Königsquelle, um ein Bad zu nehmen. Um 11 Uhr wurden wir auf dem Standesamt getraut. Trauzeugen waren Tante Emma und Werner Albrecht, ein Schicksalsgenosse von Josef.

Mit einem Taxi ließen wir uns anschließend zum Gemeindehaus fahren. Beim Aussteigen liefen neugierige Kinder und Passanten zusammen und machten mich ganz nervös, so dass ich es kaum erwarten konnte, bis Josef an meiner Seite war. Ich lief einfach voraus und musste zurückgerufen werden, um schön schicklich an der Seite meines Mannes den Saal zu betreten.

Doch da wartete ein neuer Schock auf mich. Hatten wir geglaubt, dass sich vielleicht einige Bekannte und Verwandte zu der Feier eingefunden hätten, so erwartete uns ein festlich geschmückter Saal voller Menschen! Alle erhoben sich von ihren Plätzen. Wo war das Mauseloch, in dem ich mich verkriechen konnte? Josef musste mich festhalten, sonst wäre ich wieder davongelaufen.

Die kleine Heidi mit dem Blumenkörbchen schob ich einfach beiseite. Ich ließ ihr kaum Zeit, die Blümchen zu streuen.

Im Altarraum angekommen, setzten wir uns auf zwei mit Girlanden geschmückte Stühle. Mein Blick fiel auf einen riesigen wunderschönen Blumenkorb, den ich auch während der Feier immer wieder anschauen musste. Wem der wohl gehören wird, dachte ich und ahnte nicht, dass er ein Geschenk des Chores an uns war.

Der Chor umrahmte durch seine Lieder auch unseren Traugottesdienst. Eines begann: »Herr, führe du, ich kann allein nicht gehen, ich weiß ja nicht den Weg, der vor mir liegt ...«

Aus der Predigt habe ich zwei besonders beeindruckende Zitate behalten: »Wer heiratet, um glücklich zu werden, tappt daneben. Wer aber heiratet, um glücklich zu machen, der steht richtig.«

Und das andere: »EHE – drei Buchstaben. *Er* – der Mann, *Es* – das Weib und dazwischen das H. Daraus können die beiden sich *Himmel* oder *Hölle* machen.« Für uns wurde ein Stück Himmel daraus!

Ja, und dann der Trauspruch: »Ich will dich nicht verlassen noch versäumen ... Aber versäume gern das Deine um meinetwillen.«

Mein Herz konnte es kaum fassen. Was für eine gnädige Verheißung hatte Gott uns da gegeben – oder war es nur die Sympathie unseres Pastors, der uns Mut für unseren weiteren Lebensweg machen wollte? Erst als ein Jahr später am 20. August die gleiche Verheißung wieder in der Tageslosung stand und dazu noch: »Siehe, ich bin bei euch alle Tage bis an der Welt Ende«, da konnte ich sie wirklich für mich annehmen und glauben. Natürlich wollten wir auch gern das Unsere versäumen um *seinetwillen*. Ob es uns immer gelungen ist, weiß nur Gott allein. Wir haben jedenfalls erfahren, dass er zu seinen Verheißungen steht.

Kurz nach der Hochzeit bot man uns ein Zimmer an – eine Rarität in damaliger Zeit. Wir bekamen so viele nützliche Geschenke (von Frau Horn eine ganze Küche), so dass uns fast nichts mehr fehlte zu unserem bescheidenen Haushalt. Wie sang man damals: »Das Glück braucht nicht Paläste; ein warmes Herz, das ist das Beste in einem kleinen Zimmer mit etwas Sonnenschimmer ...«

Fünf Jahre später zogen wir dann in unser kleines Häuschen – an dem Feldweg am Warteköppel. Das Glück und Gottes Liebe und Treue begleiteten uns auch weiterhin.

Nachwort

Wir Heutigen tun uns schwer damit, die Generation zu verstehen, die zur Zeit der Herrschaft der Nationalsozialisten in Deutschland lebte. Angesichts unseres Informationsstandes können wir rückblickend leicht fragen: »Wie konntet ihr …?« oder »Warum habt ihr nicht …?«

Auch viele Menschen mit christlichem Hintergrund sind damals der Ideologie der Nationalsozialisten erlegen und hielten Hitler für einen durchaus religiösen Menschen und seine politischen Anliegen für vernünftig und legitim. Wir dürfen nicht vergessen, dass den Damaligen viele Informationen bewusst vorenthalten wurden. Zudem war das Abhören ausländischer Sender bei Androhung strenger Strafe untersagt.

Heute haben wir die Fähigkeit der kritischen Haltung gegenüber aller Art von politischer Propaganda entwickelt, was seinerzeit nur bei wenigen der Fall war. Viele junge Menschen glaubten tatsächlich, dass der Krieg den Deutschen von ihren Feinden aufgezwungen war; die Verteidigung des eigenen Volkes schien ihnen daher notwendig und sinnvoll. Ebenso schwer nachvollziehbar ist für uns Heutige die Wucht der Enttäuschung und Ernüchterung, als nach dem Ende des Krieges das Ausmaß der Verbrechen der Nationalsozialisten bekannt geworden war.

Johanna und ihre Familie gehörten zu den Menschen, die sich als Christen verstanden und Hitler als das von Gott eingesetzte Staatsoberhaupt betrachteten. Der von Hitler begonnene Krieg wurde auch von Johanna nicht als deutscher Angriffskrieg, sondern als Verteidigungskrieg verstanden, was die deutsche Propaganda ja auch immer wieder betonte. Johanna – wie auch fast alle anderen jungen Menschen jener Generation – sahen sich daher völlig im Recht, feindliche

Flieger abzuschießen. Die schreckliche Enttäuschung nach dem allmählichen Bekanntwerden der Naziverbrechen, die einem Schock gleichkam, Leben und Jugend im guten Glauben an die gerechte Sache in den Dienst einer verlogenen, verbrecherischen und machtgierigen Ideologie gestellt zu haben, kann im Bericht über Johannas Jugend nur andeutungsweise dargestellt werden.

Anliegen dieses Buches ist es, Johannas Leben in ihrer Zeit und aus ihrer damaligen Sicht zu schildern. Vielleicht erklärt das, warum viele ihrer Zeitgenossen ebenso verführt und verblendet waren wie sie. Anliegen des Buches ist aber auch, aufzuzeigen, dass der lebendige Glaube an Gott durch alle Schicksalsschläge hindurchzutragen vermag.

Heinz-Lothar Worm

Heinz-Lothar Worm

Schulzes Anna
Die Geschichte der Anna W.

128 Seiten. Fester Einband
Bestell-Nr. 3-7655-1592-2

Auch als Hörbuch lieferbar. 2 MC. Laufzeit ca. 270 Min.
Bestell-Nr. 198702

Stolz und voller Freude tritt die hübsche Tagelöhnerstochter
Anna in den Dienst des mächtigen Dorfschulzen. Doch dort
erlebt sie – die einfache Magd – Demütigungen und
Erniedrigungen. Zu Unrecht gebrandmarkt als Diebin und
Muttermörderin, wird sie schließlich aus der dörflichen
Gemeinschaft ausgeschlossen und muss für sich und ihre kleine
Tochter ums bloße Überleben kämpfen. Doch dann kommt es
zur entscheidenden Wende in Annas Leben …
Die fast unglaublich klingende Geschichte der Anna W. hat sich
vor rund hundert Jahren in einem kleinen hessischen Dorf tat-
sächlich abgespielt. Nebenbei erfährt der Leser auch vieles über
Arbeitsalltag und Brauchtum aus dem harten bäuerlichen Leben
früherer Zeit.

BRUNNEN VERLAG GIESSEN
www.brunnen-verlag.de

Heinz-Lothar Worm

Klara und Katharina
Schulzes Anna und ihre Töchter

140 Seiten. Fester Einband
Bestell-Nr. 3-7655-1606-6

Mit großen Erwartungen verlässt Klara ihr Elternhaus, um bei
Verwandten, die eine Pension eröffnet haben, im Haushalt zu
arbeiten. Aber bald schon muss Klara aufhören; erste Anzeichen
einer Lungentuberkulose machen sich bemerkbar. Zurück in der
Heimat lernt sie Christian kennen, ihren zukünftigen Mann.
Klaras Ehe mit Christian ist – trotz der tiefen Liebe zueinander –
von viel Leid geprägt. Der Erste Weltkrieg fordert Opfer im
engsten Verwandtenkreis, schwere Krankheitsepedemien bringen
große Not über die Familie. Katharina, Klaras Halbschwester,
hilft tatkräftig mit, um Kinder, Haus und Hof zu versorgen ...

BRUNNEN VERLAG GIESSEN
www.brunnen-verlag.de

Heinz-Lothar Worm

Die Tietze Milli

140 Seiten. Fester Einband
Bestell-Nr. 3-7655-1620-1

Auch als Hörbuch lieferbar. 2 MC. Laufzeit ca. 200 Min.
Bestell-Nr. 198706

Millis Heimat ist das Sudetenland. Hier lebt sie, zunächst als
Tochter eines armen Webers, später als Ehefrau eines
Samtschneidemeisters. Ihrem Ehemann Heinrich gelingt es, der
Familie zu bescheidenem Wohlstand zu verhelfen. Milli erlebt
von Jugend auf das Geschick des Sudetenlandes am eigenen Leib
mit – bis zur Vertreibung am Ende des Zweiten Weltkriegs. Doch
bei allem Schweren und Erniedrigenden, das ihr widerfährt, lässt
sie keine Hassgefühle in sich aufkommen. Sie bleibt hoffnungs-
voll und hilfsbereit.
»Die Erzählungen sind spannend, weil ihre Handlungen nicht
erfunden sind, weil sie in klarer Sprache mitten aus dem Leben
vor nicht allzu langer Zeit berichten.«
(Gießener Allgemeine Zeitung)

BRUNNEN VERLAG GIESSEN
www.brunnen-verlag.de